Stella Azulay

A CORAGEM PARA SER UMA MULHER FELIZ

Literare Books
INTERNATIONAL
BRASIL · EUROPA · USA · JAPÃO

Presidente do conselho:
Maurício Sita

Presidente:
Alessandra Ksenhuck

Vice-presidente:
Julyana Rosa

Diretora de projetos:
Gleide Santos

Diretor de negócios:
Jorge Takeda

Diretor de relações institucionais:
Marcel Spadoto

Gerente editorial:
Anselmo Vasconcelos

Editor:
Helder Novaes

Assistentes editoriais:
Emerson Xavier e Hellen Souza

Capa, projeto gráfico e diagramação:
Gabriel Uchima

Revisão:
Fadua Matuck e Letícia Pataquine

Impressão:
Printi

Dados Internacionais de Catalogação na Publicação (CIP)
(Câmara Brasileira do Livro, SP, Brasil)

Azulay, Stella
A coragem para ser uma mulher feliz / Stella Azulay. -- 1. ed. -- São Paulo : Literare Books International, 2025.

ISBN 978-85-9455-497-0

1. Autoajuda 2. Autoconhecimento (Psicologia) 3. Coragem 4. Crescimento pessoal 5. Inteligência emocional 6. Mulheres - Aspectos psicológicos 7. Mulheres - Identidade I. Título.

25-301741.0 CDD-158.1

Índices para catálogo sistemático:

1. Mulheres : Felicidade : Autoajuda : Psicologia aplicada 158.1

Aline Graziele Benitez - Bibliotecária - CRB-1/3129

Literare Books International Ltda.
Alameda dos Guatás, 102 – Saúde – São Paulo, SP.
CEP: 04053-040
Fone: +55 (0**11) 2659-0968
site: www.literarebooks.com.br
e-mail: literare@literarebooks.com.br

FSC MISTO
Papel | Apoiando o manejo florestal responsável

Dedico este livro à memória dos meus pais,
que partiram juntos em 2024, deixando um
legado que carrego com muito orgulho.
Amo vocês eternamente!

“A vida é uma luta”

Wolf Litwak*

*Wolf Litwak era meu amado avô, sobrevivente do Holocausto, e que salvou mais de cem pessoas dos campos de concentração. Ele é minha maior inspiração de coragem.

Agradecimentos

Agradeço a todos que passaram e passarão pela minha vida.

Aprendo muito sobre mim com todos vocês – principalmente sobre quem eu quero e não quero ser!

Prefácio

Stella Azulay é daquelas pessoas que dão o passo antes mesmo de ver o chão. E, de algum modo, o chão sempre aparece. Às vezes, um chão duro; outras, de borracha; e, por vezes, de plumas.

Este não é apenas um livro de memórias. É um reencontro com a própria alma. Escrito por uma educadora que, ao longo da vida, ensinou com os métodos, mas também com o coração. Seu relato nos convida a percorrer com ela os caminhos das origens, das dores e das reconstruções.

Ao virar estas páginas, encontramos uma mulher que, como o bambu, soube dançar com os ventos da vida. Suportou perdas, recomeços, e floresceu de novo. Sustentada pela fé, pela família e por uma força potente que vem de dentro... e de cima.

Os obstáculos profissionais, a separação com quatro filhos pequenos, a perda dos pais quase ao mesmo tempo, o desafio de recomeçar, as dúvidas diante do desconhecido, o espelho da maternidade. Escolheu, em cada queda, aprender – e nos ensinar com isso.

Stella relembra no livro uma de suas palestras na Câmara Municipal de São Paulo, como quem descreve a própria vida: "sem teste, sem ensaio, só coragem". Porque viver, afinal, é isso – improvisar com o coração exposto.

Ao narrar sua história com tanta verdade e coragem, a autora nos convida a mergulhar nas nossas próprias vivências, como se falasse conosco em uma conversa íntima, quase secreta. E nos lembra que educar é, essencialmente, ser inteira – mesmo quando estamos em pedaços.

Este livro é, acima de tudo, sobre amor. O que se juntou, o que se perdeu, o que se reinventou, o que permanece, o que se almeja. É sobre a fé, não como resposta pronta, mas como uma busca persistente por sentido e presença. É sobre o ato corajoso de se olhar no fundo e decidir continuar. Com mais leveza, mais verdade, mais entrega.

Stella abraça a carreira, a família, a educação e, com esta obra, nos envolve nesse abraço. Como todo bom abraço, aquece, ampara e transforma. Boa leitura!

Becky Sarfati Korich
@beckykorich

Introdução

Sempre fui uma contadora de histórias. Desde pequena, eu era do tipo que adorava conversar, falar sobre tudo e encantar quem estivesse por perto. Lembro que minha mãe tinha alguns amigos que paravam na rua só para me ouvir. Na escola, era a mesma coisa, eu era uma líder nata e adorava me envolver em tudo o que pudesse. Conforme o tempo foi passando, como era de se esperar, levei essa característica também para minha escolha profissional. Depois de algumas tentativas, finalmente acertei. Mas antes disso, errei bastante!

Minha primeira escolha foi Fonoaudiologia na PUC, afinal, parecia fazer sentido: comunicação, fala, tudo aquilo que eu amava. Mas, no segundo ano da faculdade, durante um estágio no Hospital de Defeitos da Face, minha perspectiva sobre aquilo mudou. Ver aquelas crianças e mães em situações tão difíceis me abalou profundamente. Eu entendi, então, que não conseguiria seguir naquele caminho. Precisava fazer algo diferente, algo que estivesse mais alinhado com a minha essência.

Foi ainda na PUC que essa minha inquietação encontrou um novo propósito. Sempre envolvida no centro acadêmico, engajada nas questões estudantis, percebi que minha verdadeira paixão era outra: o Jornalismo. Essa então foi minha nova escolha. Prestei vestibular de novo e ingressei na Cásper Líbero, buscando um ambiente mais próximo da realidade que eu queria viver. Continuei engajada em causas sociais – fui às ruas no movimento pelo impeachment de Collor e abracei a missão de usar minha voz para dar visibilidade às injustiças do mundo.

No primeiro ano de faculdade eu já estava trabalhando no SBT, depois passei pela TV Record e fui parar até em Jerusalém, como correspondente – e os pormenores dessas histórias você saberá em detalhes nas próximas páginas. Meu idealismo sempre foi o pano de fundo das minhas escolhas, afinal, eu buscava uma sociedade mais justa, mais gentil e com menos desigualdades. Isso sempre esteve presente em mim.

No entanto, a vida nos reserva surpresas interessantes e, assim, minha história também foi marcada por grandes mudanças. Este livro é sobre essa coragem de mudar para ser feliz, especialmente se você é uma mulher. Eu mudei de país, me casei, tive minha primeira filha em Israel e depois retornei ao Brasil, pois queria estar perto da minha família de novo. Aqui, fundei uma ONG ao lado do meu então marido, tive quatro filhos, e me divorciei e me reinventei profissionalmente. Fiz novas formações, abri um escritório de desenvolvimento humano e me dediquei a ajudar pessoas a encontrar seus caminhos. E, claro, assim como grande parte das mulheres divorciadas, eu também jurei que nunca mais me casaria! E o que aconteceu? Dois anos depois, paguei minha língua e casei de novo.

Aos 50 anos, segui me reinventando. Me tornei educadora parental e criei um novo projeto ao lado do meu segundo e – como gosto de brincar – último marido. Depois de tantas voltas, nós combinamos que agora é para sempre, até porque (cá entre nós) eu acho que nem teria mais paciência para recomeçar tudo de novo.

Sempre digo para as minhas clientes que todas nós temos algo em comum: as nossas histórias – a minha e a sua, inclusive – são feitas de escolhas. E essas escolhas, inevitavelmente, envolvem tropeços, coragem e paixão. Assim, sempre movida pelo desejo de transformar, de fazer a diferença e de viver de forma intensa, quero que este livro seja uma inspiração para que você não tenha medo de ousar ser feliz. E é essa jornada que compartilho agora com você, com todas as voltas que a vida me fez dar, os desafios que enfrentei e as descobertas que fiz pelo caminho.

Em 2024, eu vivi uma das maiores dores da minha vida. Perdi meu pai e minha mãe em um intervalo de apenas 34 dias. Ambos foram internados e entubados na mesma semana de julho, por motivos diferentes, e nenhum dos dois voltou para casa. Minha mãe faleceu naquele mesmo mês e meu pai no início de setembro. Já não teria sido fácil lidar com a perda de um deles separadamente, mas me despedir de ambos, em um período tão curto, me levou a um novo mergulho profundo dentro de mim mesma. Foi um tempo de muita reflexão e um momento em que precisei reunir toda a força que tinha dentro de mim para continuar. Porque, apesar de tudo, a vida continua e, se tem uma coisa que aprendi com a minha família, foi justamente essa coragem de viver.

Meus avós foram sobreviventes do Holocausto e construíram suas vidas com essa resiliência e vontade de viver. Meus pais passaram fome, enfrentaram dificuldades, mas nunca se deixaram vencer. E este livro, que por tanto tempo esteve apenas como um desejo guardado, por fim se tornou uma necessidade. Apesar de ser comunicativa, por um longo período eu tive receio de me expor nesse nível, de contar minha história e, provavelmente, ser julgada mais uma vez, mas compreendi que nada que tem impacto no mundo acontece sem provocar algum incômodo.

A perda dos meus pais me fez perceber o quanto o tempo é curto. Quando uma mulher perde a mãe, algo dentro da gente muda para sempre. De repente, eu me tornei a matriarca. Então precisava seguir forte por mim, pelos meus filhos, e por todas as pessoas que, de alguma forma, dependiam da minha força. Mas, acima de tudo, precisava ser forte por mim mesma.

Sou uma mulher de sonhos e projetos. Portanto, decidi que essa dor não seria um ponto final, mas um marco de recomeço. Eu usaria esse momento para espalhar a mensagem que recebi dos meus pais e avós: uma mensagem de coragem, de luta e de alegria. Minha mãe, cantora, sempre teve como missão alegrar as pessoas, e foi uma mulher muito à frente de seu tempo. Brilhava nos palcos e na vida, com sua personalidade vibrante. Ela me ensinou muito, e sei que no fim da vida me admirava pela coragem que tive de seguir caminhos que, talvez, ela mesma não tenha conseguido trilhar.

Foi com esse espírito que decidi, enfim, escrever este livro. Ele nasce junto de um novo momento na minha vida. Reinaugurei meu escritório, agora com um novo nome: Stella Azulay Só Para Mulheres. Um espaço onde recebo mulheres para atendimentos individuais, mentorias e orientação para que possam ressignificar suas vidas. Esse é um dos meus novos projetos, que caminha lado a lado com a escrita deste livro e que envolve palestras pelo Brasil e mundo afora.

Afinal, a vida sempre se refaz. E eu, mais uma vez, estou aqui me refazendo.

Eu acredito profundamente no poder da história pessoal para transformar vidas. E para explicar o motivo disso sempre faço um paralelo com o marketing e a publicidade. Há décadas, as marcas utilizam o *storytelling* para se conectar emocionalmente com os consumidores. Muitas vezes, vemos propagandas que parecem não ter nada a ver com o produto, mas que contam uma história poderosa e criam um vínculo com o público. Se isso funciona para marcas, imagine o impacto que nossas histórias pessoais podem ter na vida de outras pessoas quando compartilhadas com verdade e propósito.

Por isso, em maio de 2022, lancei uma das minhas obras preferidas, *Conte sua história para seu filho*, um livro-caixinha composto por cem cartas para incentivar as relações familiares, no qual falo também sobre o impacto do *storytelling* na educação das crianças. Essa convicção veio da minha própria experiência: as histórias da minha família foram fundamentais na construção do meu caráter e dos meus valores.

Apesar de todas as minhas formações – incluindo uma certificação em Psicologia Positiva por Harvard –, vejo que nada tem o poder de impactar e transformar tanto quanto as nossas histórias pessoais, por isso, agora chegou a hora de contar a minha. Vivi cada um dos desafios que compartilho nestas páginas, senti na pele as dores e conquistas, e é exatamente essa vivência que me permite me conectar com outras mulheres de maneira autêntica. Neste livro, eu me desnudo para que outras mulheres também possam se despir das suas inseguranças e seus medos. Afinal, como já diria

Brené Brown, a conexão verdadeira só acontece quando nos permitimos ser vulneráveis.

Este livro é para todas as mulheres que sonham, mas que também enfrentam medos. Vivemos em um mundo que, apesar dos avanços, ainda não oferece à mulher o suporte necessário para suas escolhas. Seja decidir se separar, recomeçar aos 40, mudar de carreira aos 50, empreender, ou simplesmente se vestir da maneira que quiser, sem se submeter a padrões impostos. Escrevo, portanto, para você que busca mudança. Tenho certeza que toda mulher, em algum momento da vida, deseja transformar algo – seja na carreira, nos relacionamentos ou na própria identidade. E essa busca é legítima.

Os homens, por sua natureza e biologia, não enfrentam tantas transições hormonais e emocionais como nós. Mas para nós, mulheres, o ciclo da vida traz constantes renascimentos. Este livro foi inspirado em todas as mulheres que chegaram até mim, seja no meu escritório ou pelas redes sociais, dizendo: "Stella, você me inspirou a ter coragem, a mudar, a recomeçar". Isso me mostrou a importância de compartilhar minha trajetória para que outras mulheres se sintam encorajadas a sair de situações que não as fazem felizes – seja de um relacionamento abusivo, um emprego que não as realiza ou uma vida que não reflete mais quem realmente são.

Quero mostrar que é possível recomeçar, desde que com responsabilidade e planejamento. Todas as mudanças que fiz na minha vida foram acompanhadas de transições cuidadosas, sem prejudicar a mim mesma ou aos que estavam ao meu redor. Busquei apoio profissional, redes de suporte e orientação. E é essa visão que quero compartilhar com você: toda mudança é viável, desde que seja conduzida com estratégia e coragem. Coragem esta que você pode até não acreditar ainda, mas já está em você.

A felicidade não é um destino fixo, mas um estado em constante renovação. O que nos faz felizes hoje pode não ser o mesmo amanhã, e precisamos estar dispostas a compreender essas mudanças, respeitar nossos ciclos e reconhecer nossos direitos e deveres como mulheres. Este livro é um convite para a mulher do século XXI, que vê tantas possibilidades à sua frente, mas que, muitas vezes, não sabe por onde começar. Espero que você, ao ler estas páginas, descubra finalmente que tem dentro de si uma potência imensa e uma coragem que talvez nem imaginasse possuir.

Está pronta?

Sumário

1

CAPÍTULO 1: Ancestralidade

Sou neta de sobreviventes do Holocausto. Esta é uma frase que me define bem. Tenho muito orgulho da minha ancestralidade e meus avós maternos foram essa conexão direta com uma história de luta, resistência e, principalmente, coragem. Do lado paterno, não tenho tantos registros. O que sei é que meu avô abandonou minha avó antes mesmo do nascimento do meu pai. Assim, nem meu pai nem eu o conhecemos. Com a minha avó paterna tive pouco contato. Ela morava em Israel e, se não me engano, devo tê-la visto apenas uma vez. Portanto, todo o laço afetivo com a história dos meus antepassados foi construído na convivência que tive com meus avós maternos.

Passei grande parte da minha infância com eles, que moravam no Rio de Janeiro. Antes de iniciar a escola, até os meus quatro anos, eu passava mais tempo no Rio do que em São Paulo e, mesmo quando não estava por lá, eles também viajavam com frequência para me ver. Como a minha mãe era filha única e meus avós haviam perdido quase toda a família no Holocausto, é claro que os únicos netos – meu irmão e eu – viramos o centro do universo para eles. De alguma maneira, éramos o recomeço. A reconstrução dessa família que havia se perdido.

Nesse sentido, cresci ouvindo as histórias que eles tinham para contar. Enquanto outras crianças se encantavam com Chapeuzinho Vermelho e Cinderela, eu conhecia os contos de sobrevivência dos meus avós. Minha avó materna sempre contava sobre quando conseguiu fugir de um trem que a levaria para Auschwitz. Ela estava acompanhada do pai e do irmão quando eles decidiram pular do vagão em movimento. Meu bisavô, para distrair os guardas, jogou uma peça de roupa de um dos lados do trem, para que eles pulassem do outro. Logo que perceberam o truque, os nazistas começaram a atirar e minha avó acabou sendo baleada no ossinho do calcanhar – ela sempre me mostrava a marca no pé que, para mim, era a cicatriz de uma heroína! Apesar de machucada, continuou correndo e, por sorte, eles encontraram abrigo em um esconderijo subterrâneo, onde passaram meses. Ela contava que, vez ou outra, alguns poloneses apareciam com pratos de sopa, mas que foi preciso comer até terra e pequenos insetos para sobreviver.

Meu avô materno, por sua vez, vivia na Polônia, em um *shtetl* – palavra iídiche que significa algo como um vilarejo – com o pai, sapateiro (uma profissão nobre na época), e cinco irmãs, uma delas casada e com um bebê recém-nascido. Meu avô sempre foi muito esperto, muito ativo. Ele tinha uma mente genial e brilhante que, tenho certeza, o acompanhava desde a juventude. Por isso, em um determinado momento, ele e alguns amigos descobriram que os nazistas estavam prestes a invadir o vilarejo onde moravam. Começaram a se preparar e conseguiram juntar algumas armas, na intenção de defender a todos.

A família morava em uma casa simples, mas eles tinham uma vaca, o que, naquele tempo, era quase um luxo. Ainda que usassem o leite para consumo próprio, sempre sobrava e, então, eles distribuíam o restante para as pessoas da cidade. Quando penso nisso, logo percebo de onde veio o idealismo que carrego comigo e a minha vontade de compartilhar. Cresci ouvindo essas histórias, e elas sempre me emocionaram. Meu avô, ainda menino, ajudava a mãe a entregar o leite aos outros.

Quando os nazistas se aproximavam, ele percebeu que não conseguiriam lutar por todos e tentou convencer a família a fugir para a floresta. Sua mãe, devota e apegada à casa, recusou-se a partir e não acreditou muito no alerta que o filho trazia. Parece um absurdo, claro, conhecendo a história como conhecemos hoje, mas ali no vilarejo as pessoas não acreditavam que aquilo realmente aconteceria. Dá para entender, certo? É como quando vimos a Covid-19 surgindo em outros países, nas notícias, e pensávamos: "Isso nunca vai chegar aqui. Parece coisa de filme". Agora imagine naquela época, com ainda menos acesso à informação. Ninguém queria acreditar que seriam arrancados de suas casas, que perderiam tudo, que seriam separados para sempre.

Ele então disse para a mãe uma frase que carrego comigo até hoje: "Eu posso até morrer de fome ou de frio, mas Hitler não vai me matar".

Graças a essa determinação e coragem, ele sobreviveu por três anos nas florestas geladas da Polônia, sem tirar as botas para que seus pés não congelassem, escapando da morte muitas vezes. Uma bala, que deveria matá-lo, apenas furou seu *quepe* – um furo limpo, quase educado. Uma outra vez, passou horas intermináveis debaixo de uma pilha de corpos em um esconderijo, acompanhado do cheiro de sangue e terror sufocando o ar. Imóvel, sem respirar fundo, enquanto os nazistas davam tiros aleatórios nos cadáveres para garantir que nenhum judeu sobrevivesse. Ele foi o único.

Quando finalmente conseguiu arrastar-se para fora daquele lugar, a Polônia o recebeu com um inverno cruel. A neve cobria tudo e ele congelou. Literalmente. Quando os *partisans* o encontraram, seu coração quase não batia, e a pele estava tão rígida que parecia pedra. Foi então que fizeram o que soa como contradição: uma massagem de *neve* na pele para salvá-lo.

Durante todo esse período, foi parte desse grupo de combatentes, os *partisans*, que não apenas lutavam pela própria sobrevivência, mas que também resgatavam prisioneiros dos campos de concentração.

Meu avô conhecia as florestas da Polônia como a palma da mão. Ele sabia onde se esconder, onde encontrar abrigo e como caçar uma informação. Atravessou a guerra assim: vivendo entre as árvores.

Com o tempo, descobriu o destino da família. O pai foi parar em um gueto, onde trabalhou com couro, porque a profissão lhe deu alguns dias a mais de vida. Mas um dia, nu e desamparado, foi levado pelos nazistas a um lago congelante. Perguntaram onde estava o Deus em que ele acreditava e, sem esperar resposta, deram-lhe um tiro na nuca. As irmãs e a mãe foram mortas em uma câmara de gás. O bebê foi arrancado dos braços da mãe e morto de maneira tão brutal que nem ouso descrever. Tudo isso ele soube depois, coletando os fragmentos de uma história que o mundo quis enterrar.

Assim, para o meu avô, apenas restou seguir e os combatentes passaram a ser sua família. Ele participou de emboscadas, armou ciladas e sobreviveu a tantas outras. Fugiu de metralhadoras, correu entre os corpos, passou fome e frio, mas nunca perdeu a chama da luta. Hitler não o matou, mas ele não só sobreviveu, também salvou muitas vidas. Cento e três, para ser exata. Cento e três vidas – e famílias, consequentemente –, salvas de campo de concentração, não foram interrompidas pela coragem do meu avô.

Durante a pandemia de Covid-19, descobri uma história dele muito interessante. Uma que ele nunca havia me contado. Meu avô salvou uma menina de cinco anos. No meio da floresta, encontrou duas irmãs fugitivas. A mais velha estava ferida e precisou ser cuidada por outros combatentes. A mais nova, de cinco anos, ficou sob sua responsabilidade. Ele pegou a criança no colo e a levou até a casa de poloneses não judeus. Bateu na porta, entregou a menina e disse: "Vocês vão cuidar dela pelos próximos meses. Se eu voltar e ela não estiver aqui, eu mato todos vocês". E assim fez. Durante dois anos, trocou a menina de casa a cada poucos meses, repetindo a mesma ameaça, garantindo que ela sobrevivesse. Quando a guerra acabou, ela foi para um orfanato e meu avô seguiu a própria rota.

Anos mais tarde, conseguiu um visto para o Brasil e desembarcou no Rio de Janeiro. E foi lá que, por uma coincidência impressionante, encontrou a menina de quem tanto havia cuidado em outros tempos. A maneira como descobri essa história também é bastante impressionante. Durante uma live particular que fiz para a Federação Israelita do Rio de Janeiro, uma mulher pediu a palavra e disse: "Seu avô salvou a tia do meu marido" – contando a história que você acabou de ler. Foi emocionante! Então, assim que pude, mexi uns pauzinhos e consegui achar essa senhora para que eles se reencontrassem. Meu avô ainda estava vivo, o que me permitiu registrar uma foto dos dois juntos. Quando ele morreu, aos 96 anos, essa mulher, já idosa e em uma cadeira de rodas, foi até o seu túmulo colocar uma pedrinha sobre a lápide, como manda a tradição judaica.

É uma história de coragem muito emblemática. Meu avô não foi apenas um sobrevivente. Ele foi um herói. E eu carrego essa história em cada parte do que sou. Sempre que passo por momentos difíceis, lembro que ele, aos 16 anos, sem família, sem casa, sem nada, teve a coragem de lutar, de salvar, de se importar com o outro. Quem sou eu para me lamentar? Quem sou eu para não ser feliz? Quem sou eu para não construir uma história que inspire meus filhos? Quem sou eu para não ir atrás dos meus sonhos?

Afinal, felicidade é o que buscamos. Lutamos por conforto, segurança, amor, mas, no fim de tudo, o que queremos é ser feliz. E se meu avô, que atravessou os horrores da guerra, disse que foi feliz, quem sou eu para duvidar? Sei disso porque ouvi dele mesmo. Já idoso, com mais de 90 anos, quando as memórias recentes se desfaziam, mas as lembranças antigas ganhavam nitidez, ele me disse que apesar de tudo, foram os anos mais felizes da vida dele.

Sim, os anos na floresta. No frio. Na guerra. Fugindo da morte. Lutando contra ela. Mas também no entorno de uma fogueira. Assando o que conseguiam caçar: muitas vezes um javali – mesmo que sabidamente os judeus não consumam porco, na guerra esses animais forneciam uma gordura valiosa para a sobrevivência. Bebendo vodka roubada de algum vilarejo, passada de mão em mão, queimando na garganta como coragem líquida. Bebiam, comiam, e então – dançavam. Sim, dançavam. Homens magros, sujos, com armas nas costas e cicatrizes na alma, batendo os pés no chão gelado, cantando canções roucas em iídiche. Celebrando. *Mais um dia. Estamos aqui. Estamos vivos.*

Meu avô dizia que nada na vida depois foi tão intenso quanto aqueles momentos. Porque quando você sobrevive ao impossível, cada respiração vira um milagre. Cada rosto ao redor do fogo vira família. E então eu entendi: felicidade é estar vivo e fazer com que a vida valha a pena – independente da circunstância.

Como não escrever sobre coragem com as referências que tive desde pequena? Cresci com essas histórias e elas moldaram minha identidade, meu propósito e a razão pela qual escrevo este livro. Não se trata apenas da minha jornada, mas de uma herança de luta e resistência que é comum a todos nós. Pare, agora, e pense um pouco sobre a trajetória da sua família. Somos todos descendentes de imigrantes, exilados ou até mesmo povos escravizados que precisaram acessar a própria coragem para sobreviver, para continuar. Por isso acredito tanto que todas nós conseguimos acessar essa força. Assim como meus avós lutaram para sobreviver e salvar outros, eu quero ajudar mulheres a se libertarem de seus próprios cativeiros, sejam emocionais, profissionais ou sociais. Este livro é para todas as mulheres que, como eu, precisam encontrar força para recomeçar.

✦✦✦

Meus avós se conheceram na Hungria quando a guerra terminou. Naquela época, muitos sobreviventes se espalhavam pela Europa, tentando reconstruir o que havia sido perdido. Não sei bem como ficaram juntos, mas se casaram rapidamente. Talvez porque fosse um tempo em que a vida não podia esperar, já que o medo de perder de novo aqueles que se amava fizesse com que tudo fosse mais urgente.

Sei que eles se casaram em Budapeste e que minha mãe nasceu pouco tempo depois disso já em outro país, na cidade de Bonn, na Alemanha. A cada nova mudança, a vida não permitia raízes profundas e a família não se fixava em lugar algum. Eles circulavam de um lugar para outro, como se ainda estivessem fugindo e como se o solo firme sob os pés fosse sempre temporário. Foi então que a "Sohnut", uma Agência Judaica de imigração, começou a reunir sobreviventes para levá-los para Israel, em busca de um novo lar. Meus avós foram resgatados por essa missão e os três partiram rumo ao desconhecido, mas com a esperança de um recomeço.

Em Israel, meu avô lutou na Guerra da Independência e, de novo, era como se a luta nunca tivesse fim. Como se a sobrevivência ainda dependesse de resistência, de coragem e de muito sacrifício. Eles viveram lá por sete anos e foram tempos difíceis. Minha mãe passou fome, minha avó viu o marido precisar matar cobras na casa dos vizinhos para garantir algum dinheiro e havia sempre pouca comida.

A decisão de partir dali (mais uma vez) veio da necessidade. Não se pode viver apenas da força de vontade; era preciso encontrar um lugar onde houvesse sustento, onde se pudesse dar um futuro para os filhos. E foi assim que eles decidiram vir para o Brasil, buscar uma nova história em terras desconhecidas. Então, com essa possibilidade em mente, meu avô decidiu arriscar. Ele sabia que a vida em Israel era dura, que o futuro de sua família ali era incerto. E o Brasil, naquela época, surgia como mais uma promessa de recomeço, um lugar onde ele poderia reconstruir sua história longe das cicatrizes da guerra. Assim, sem muitos planos, mas com uma coragem inabalável, ele conseguiu os vistos e embarcou com minha avó e minha mãe.

Foi no Rio de Janeiro que começaram a reconstruir suas vidas, instalando-se no bairro do Méier. Minha mãe, ainda criança, foi matriculada em uma escola pública. Agora, imagine uma menina de sete anos, recém-chegada de Israel, pobre, sem falar uma palavra de português! Foi um desafio enorme. E ela sofreu muito na escola, vítima de preconceito e antissemitismo. Ela costumava contar que, certa vez, fugindo de alguns meninos que a perseguiam, perdeu o sapato ao tentar pular um muro. Do outro lado, havia uma lata aberta, e, ao aterrissar, fez um corte profundo na sola do pé. A cicatriz permaneceu para sempre, e ela me mostrava como um lembrete de sua infância difícil. Curiosamente, minha avó e ela compartilhavam cicatrizes nos pés.

Meu avô começou sendo mascate. Pegava um monte de coisas em consignação – toalhas de mesa, enfeites para casa, artigos de cozinha – e saía batendo de porta em porta, vendendo como podia. Era assim que ele garantia um dinheirinho para sustentar a casa. Minha mãe contava que, nessa fase, passou menos fome, mas que a alimentação ainda não era lá das melhores. Basicamente viviam de leite com macarrão, que era o que dava para comprar. Minha avó, sem saber falar português, fazia compras apontando os itens. Nunca aprendeu a ler ou escrever na nova língua. Morreu analfabeta. Mas tinha seus dons: costurava, cozinhava e fazia de tudo para manter a casa em ordem enquanto meu avô trazia o sustento.

Quando minha mãe tinha 13 ou 14 anos, começou a demonstrar que tinha um dom musical. Meu avô, ao perceber isso, passou a escrever, à mão, letras de músicas em ídiche para ela, em cadernos. Ela aprendia e cantava em casa. Aos 15 anos, ele comprou um acordeom e minha mãe, com seu 1,49m de altura, era carregada pelo meu avô com o acordeom, que era maior do que ela, para cantar em festas na casa das pessoas. Assim, minha mãe também começou a ganhar um dinheirinho e ajudava em casa. Ela tinha uma voz linda, começou a ficar conhecida e as pessoas a chamavam de "a menina prodígio que canta". Meu avô, que tinha o dom de se conectar com as pessoas e fazia muitas amizades, acabou conseguindo vender cada vez mais e foi prosperando aos poucos.

Minha mãe se tornou uma figura conhecida na comunidade judaica e muitos judeus, recém-chegados ao Brasil, ansiavam por ouvir músicas em ídiche, para matar as saudades de casa, e ela preenchia essa lacuna.

✦✦✦

Já meu pai teve uma história diferente. Nunca conheceu o próprio pai porque ele abandonou minha avó quando ainda estava grávida. Isso o marcou profundamente. Crescer sem esse pai, e saber que ele nunca quis conhecê-lo, deixou um grande vazio. Lembro que, ao longo de toda a minha vida, vi meu pai tentando encontrar esse homem, como se buscasse uma parte de si mesmo.

Ele nasceu em Kiev, na Ucrânia. Certa vez, durante a guerra e em meio ao caos em que viviam, meu pai acabou se separando da minha avó ao entrar em um vagão de trem e eles se perderam. Imagine o desespero dela ao perceber que o filho havia desaparecido! Ela o procurou por todos os lugares e, por um milagre da vida, conseguiu reencontrá-lo. Depois disso, minha avó se casou novamente e meu pai ganhou um padrasto e duas meias-irmãs, muito mais novas que ele. Mas a relação com o padrasto foi dura. Ele sofria violência, abusos e agressões físicas naquela relação. E, quando não aguentou mais, saiu de casa.

Na época, a família vivia na Bolívia, onde muitos refugiados também tentavam reconstruir suas vidas no pós-guerra. Foi lá que surgiu uma oportunidade inesperada: um norte-americano estava recrutando jovens judeus para estudar em uma *yeshivá* (uma escola rabínica) nos Estados Unidos, oferecendo a eles moradia e educação. Meu pai viu nisso uma escapatória e, com apenas 15 anos, deixou tudo para trás e partiu.

Nos Estados Unidos, apesar de frequentar uma *yeshivá*, meu pai não era religioso e, para sobreviver, fez de tudo um pouco: foi garçom, lavador de pratos e fez bicos onde conseguia. Três anos depois, soube que o padrasto falecera. Nessa época, a família havia se mudado para o Brasil, no Bom Retiro, em São Paulo, e meu pai não hesitou: abandonou a vida nos Estados Unidos, deixou os estudos e veio para o Brasil para ficar com a mãe e as irmãs. No entanto, precisou assumir as contas da casa e, desde muito jovem, o sustento da família recaiu sobre ele. Começou trabalhando em uma confecção, como tantos outros judeus que chegavam a São Paulo e encontravam ali um caminho para recomeçar. Mais tarde, abriu sua própria confecção. Mas o preço foi alto: não teve juventude, viveu para o trabalho, para garantir que a mãe e as irmãs não passassem necessidades.

Foi durante uma viagem a São Paulo, para se apresentar no Clube Hebraica, que minha mãe e meu pai se conheceram. Ele, grande apreciador da música judaica, assistiu ao seu show e se apaixonou imediatamente por ela. Na época, minha mãe tinha 21 anos e meu pai, 28. Eles se casaram, e ela se mudou para São Paulo. Meus avós permaneceram no Rio de Janeiro, onde já haviam melhorado de vida e conseguido comprar um pequeno apartamento na rua Bolívar, perto do cinema Roxy que, aliás, foi revitalizado recentemente e reaberto como uma casa de shows! Deu tempo de levar meus filhos para ver um filme lá e mostrar onde nossos avós começaram a prosperar.

Minha mãe, já famosa, tornou-se a maior cantora de música israelita no Brasil e passou a cobrar caro por suas apresentações em casamentos, bar mitzvahs e outras festividades. Com o dinheiro que ganhava, ajudava meu pai, que, então, fechou sua confecção e começou a trabalhar como corretor de imóveis na Clineu Rocha, a maior imobiliária de São Paulo na época.

Meu pai, sempre determinado e trabalhador, destacou-se ali e ganhou diversos prêmios, inclusive o de melhor corretor da empresa. Até hoje eu me lembro dos troféus espalhados pela casa! Ele trabalhava sem parar, inclusive aos fins de semana. Minha mãe também trabalhava intensamente, cantando em festas, participando de eventos beneficentes e se apresentando em muitos lugares que, por vezes, eu acompanhava. Lembro, com um carinho especial, de assistir minha mãe no Teatro Municipal de São Paulo. Eu era pequena, mas a cena ficou gravada em minha memória: minha mãe, sozinha no palco, brilhando sob as luzes, encantando a plateia. Para mim, aquilo era a consagração. Era a glória!

Todas essas conquistas simbolizam para mim a coragem da minha família, que tanto carrego comigo. Meu avô, aos 50 anos, resolveu aprender sobre diamantes e pedras preciosas. E é importante lembrar que 50 anos, naquela época, não eram os mesmos 50 anos de hoje. Imagine alguém começando uma nova profissão aos 70 ou 75 anos nos dias atuais. Pois foi nessa fase que ele realmente começou a ganhar dinheiro e a prosperar na vida, se tornando um dos maiores especialistas nessa área no Brasil. Pessoas de todo o país viajavam ao Rio de Janeiro para que ele avaliasse pedras preciosas. O nome dele cruzou fronteiras, e clientes da Suíça, dos Estados Unidos, e de outros lugares só confiavam na sua análise. Com isso, meu avô conseguiu proporcionar à minha avó uma vida melhor e comprou um apartamento mais confortável, em Copacabana, o mesmo que existe até hoje e que visito sempre, repleto de lembranças inesquecíveis para mim.

Foi ali que passei momentos mágicos. Vi minha avó costurar, cozinhar e transformar pequenas lindas memórias afetivas. Até hoje, guardo a máquina de costura dela que fez criações incríveis. Minha avó costurava, para mim, fantasias para os carnavais da Avenida Atlântica. Eu era pequena, mas lembro de cada detalhe: a fantasia de bailarina e a de vedete, um colã *pink* cheio de lantejoulas, luvas longas e uma pena na cabeça.

Minha avó também cozinhava comidas maravilhosas! Fazia pratos típicos da culinária judaica, mas também sabia preparar delícias brasileiras. Uma de suas tradições era trazer para São Paulo um moedor de carne imenso, pesado, daqueles de manivela, para preparar o famoso *gefilte fish*, o tradicional peixe doce judaico. Ela comprava carpas vivas, que ficavam nadando na banheira do nosso apartamento no Bom Retiro, na rua Guarani. Eu tomava banho naquela banheira, sem saber que, em breve, aqueles peixes seriam abatidos com um martelo e preparados com todo o cuidado. Ela tirava as escamas, moía no pesado moedor e transformava tudo em uma refeição repleta de tradição.

Tudo era feito em casa, cheio de amor. O trabalho artesanal era parte da nossa vida. Cada roupa costurada, cada prato preparado, cada objeto carregava um significado. Minhas memórias afetivas não são apenas lembranças: elas têm cheiro, sabor, textura, cor. Como as bolachinhas amanteigadas que minha avó fazia e marcava com os dentes do garfo, criando aquelas pequenas ondulações que ainda consigo visualizar em minha mente.

✦

Vale lembrar que cresci em uma casa judaica secular, onde a presença do judaísmo se manifestava por meio da cultura, da música, das histórias e, claro, da culinária. Meu avô contava, com brilho nos olhos, sobre as experiências em Israel, sobre a luta na Guerra da Independência. Minha avó, por sua vez, transmitia nossa herança por meio dos pratos que preparava com tanto carinho. Minha mãe, com sua voz inconfundível, me conectava à nossa tradição pela música. E meu pai, sempre comprometido com a preservação das tradições judaicas, fazia questão de celebrar o *Pessach* com um *Seder* em casa, lia a história do povo judeu em hebraico e respeitava o jejum de *Yom Kipur*, comparecendo à sinagoga.

Com o passar do tempo, meu pai, com seu espírito empreendedor, abriu a própria imobiliária, a Schipper Imóveis, um dos sobrenomes da família, embora eu não tenha herdado esse. Minha mãe, já consolidada como cantora dentro da comunidade judaica, viu sua carreira prosperar ainda mais. Ela passou a cobrar bem por suas apresentações e, com isso, conseguimos deixar o bairro do Bom Retiro para nos estabelecer em Perdizes, na Rua Monte Alegre. Eu tinha seis anos quando nos mudamos, e meu irmão, apenas um.

Minha mãe, inclusive, além de se apresentar em eventos e cerimônias judaicas, chegou a gravar um disco. Ela também participou de programas de televisão, e me contava que no primeiro Dia das Mães como mãe, apenas três meses depois do meu nascimento, ela me levou ao estúdio dentro do carrinho de bebê enquanto cantava ao vivo para o público.

Minha infância foi, de muitas formas, privilegiada. Meus pais e avós, com coragem, fizeram questão de nos proporcionar oportunidades que eles mesmos não tiveram. Estudei em uma escola particular chamada Escola Dinâmica, fora da comunidade judaica, e desde cedo fui incentivada a desenvolver minhas habilidades artísticas. Fiz seis anos de aulas de piano e meu avô, sempre que vinha a São Paulo, escolhia partituras para que eu ensaiasse em sua homenagem. Tocava para ele valsas em ídiche, canções russas e, claro, sua música favorita em português: *Fascinação*.

Minha mãe era uma grande admiradora de Elis Regina, e sua maneira de cantar e se expressar era fortemente influenciada pela artista. Usava os cabelos curtos como ela, fazia os mesmos gestos, interpretava as canções com a mesma entrega. Cresci ouvindo Elis, assim como a música judaica que embalava nossas festas e encontros familiares. Também me encantei pela Bossa Nova, pelos festivais da canção, pela riqueza da MPB, e tudo isso formou o meu gosto musical. Além da música, meus pais me incentivaram a estudar inglês, a aprender pintura e a explorar diferentes formas de arte e conhecimento. Eu adorava aprender. Tudo me interessava, tudo me fascinava. Agora, ao olhar para trás, percebo como essa infância repleta de histórias, melodias e memórias afetivas moldou quem eu sou. Meus pais trabalharam incansavelmente para que meu irmão e eu tivéssemos o melhor, e, mais do que isso, nos ensinaram o valor da coragem, da resiliência, da identidade e do amor pela cultura e pelas raízes.

Reflexão de coragem:

Todas essas histórias me inspiraram a olhar para frente e a acreditar em mim. E, ainda que eu fale hoje sobre coragem com muita certeza, acho importante dizer que "ter coragem" nunca foi uma conversa aberta na minha família. Ela se manifestava nos atos, nos olhares resolutos, nos silêncios de aceitação diante dos desafios, mas raramente era nomeada. Meu avô talvez tenha sido o único a se autodenominar corajoso, porque trazia a guerra na pele e na alma. Ele sabia o peso de enfrentar a morte e a urgência de seguir adiante. Minha avó, minha mãe, meu pai, todos tiveram suas próprias batalhas, suas próprias trincheiras erguidas no cotidiano, mas não sei se algum dia reconheceram a própria bravura. E talvez seja assim para você também. Quantas vezes você reconheceu sua coragem diante de momentos desafiadores?

Para eles, a coragem era necessidade, não virtude. Era a prática silenciosa de quem não pode esperar pelo conforto da escolha. Meu pai, sempre prático, mantinha o foco na obrigação de sustentar a família. Minha mãe, cantando nos palcos e celebrando a cultura judaica em sua voz, talvez nunca tenha percebido que sua presença e sua arte eram formas de resistência. Minha avó, carregando nos gestos a esperança de uma vida mais doce para os seus, costurava amor e segurança no decorrer dos dias.

Eu, por outro lado, escolhi falar sobre a coragem. Meus filhos cresceram ouvindo sobre ela, vendo-a em ação, compreendendo-a como parte da identidade da nossa família. Meu avô costumava dizer que "a vida é uma luta" e essa frase se tornou meu mantra. E foi com essa coragem que acompanhei meu avô em seus últimos momentos. Eu me recusei a deixá-lo partir sozinho, distante de nós, no frio de um hospital. Trouxe-o para minha casa e ele se deitou na cama da minha filha. Foi ali, cercado pelo amor das gerações que ele ajudou a construir, que deu o último suspiro. Chamei meus filhos, pedi que olhassem para aquele momento com respeito e compreensão. E disse a eles que a coragem estava ali, pulsante, viva, e que cabia a nós honrar essa herança com cada escolha, cada passo, cada sonho.

Quero que este livro seja mais do que um relato. Quero que ele seja um símbolo. Um refúgio para qualquer mulher que precisa de força, um espelho para quem busca inspiração. Às vezes, eu hesito e me pergunto se minha história tem essa potência, se o caminho que percorri e as dores que superei podem tocar outras vidas. Mas, então, me lembro de cada luta que testemunhei, de cada batalha vencida em silêncio, e percebo que sim. Que toda história de coragem merece ser contada e vivida. Inclusive a sua.

2

CAPÍTULO 2:
Infância, adolescência e início da vida adulta

Essa infância próxima aos meus avós contribuiu muito para quem eu sou hoje. As longas férias de verão me permitiam passar meses no Rio de Janeiro, imersa nesse universo tão particular que mesclava mar, areia e ares de aventura. Meu avô, como você já deve ter percebido, era um contador de histórias nato, e, de certa forma, herdei dele essa habilidade de falar e me expressar com intensidade. Minha mãe também sempre me incentivou a ser comunicativa, o que contribuiu para que eu, desde cedo, me destacasse na escola. Eu era sempre a líder da turma, escolhida para representar os alunos em diferentes situações ou até como a escolhida das diretoras para falar em nome da escola. Minha personalidade extrovertida me conduzia a ocupar esses espaços de protagonismo. Eu era uma aluna exemplar, com notas altas e uma curiosidade insaciável.

Já um pouco mais velha, deixei de passar algumas férias no Rio de Janeiro e comecei a frequentar um acampamento que, além de reforçar valores de disciplina, ajudou a cultivar ainda mais o meu senso de competitividade e trabalho em equipe que eu havia adquirido no colégio, por meio do esporte. Aliás, o esporte foi central para a formação das minhas bases. E eu participava de tudo: jogava handebol, vôlei, basquete, patinava, organizava atividades e me destacava em qualquer oportunidade que surgisse. Minha energia e vontade de me expressar eram inesgotáveis.

Com a mudança dos meus pais, meu irmão e eu para um prédio em São Paulo, minha infância ganhou outros cenários. O espaço amplo e repleto de áreas comuns me proporcionava uma liberdade que eu adorava. Brincava com todos, mas queria ser a melhor. Se jogava elástico, queria vencer. Se patinava, queria superar qualquer obstáculo. No entanto, também tinha meus momentos de introspecção. Principalmente quando capturava borboletas em um pote, apenas para observá-las por alguns instantes, antes de soltá-las.

Na adolescência, passei a questionar mais o mundo à minha volta e, aos 15 anos, escrevi um texto para mim mesma, refletindo sobre como eu sonhava com uma sociedade mais justa, sem fome e sem discriminações. Minha inquietação com as injustiças do mundo me tornava contestadora, algo que, confesso, preocupava meu pai. Até porque eu vivia dizendo que queria ser advogada criminalista, inspirada pelos filmes de tribunal que assistia sem parar. No fundo, para ser sincera, minha verdadeira paixão era a espionagem! Filmes, livros, qualquer coisa que envolvesse investigação e segredos me fascinava. Esse gosto veio de minha mãe, que compartilhava comigo essa admiração pelo universo do mistério. Mas meu pai se opunha veementemente à ideia de me ver como advogada criminalista. Ele temia que eu precisasse lidar com criminosos e se recusava a aceitar essa possibilidade.

Aos 17 anos, ainda incerta sobre qual caminho seguir, prestei vestibular para diversas universidades em cursos completamente diferentes. Direito, Psicologia, Terapia Ocupacional e, por um acaso do destino, Fonoaudiologia. Uma amiga muito próxima cursava Fonoaudiologia na PUC e me falou sobre a área. Para mim, que sempre amei falar, aquilo parecia fazer algum sentido. Quando vi que a universidade ficava a poucos metros de casa e que teria uma amiga no curso, fiz minha escolha. Assim, sem grandes planejamentos, dei o primeiro passo rumo ao meu futuro profissional, sem saber que esse caminho ainda me reservaria muitas reviravoltas, como já contei na apresentação deste livro.

A decisão de cursar Fonoaudiologia na PUC parecia o caminho ideal, não só para mim, mas também aos olhos do meu pai, que disse:

— Quando você se formar, já tem seu consultório na Faria Lima, pronto para começar! — vislumbrando um futuro estável e seguro para mim.

No primeiro dia de aula, depois do trote e de toda a empolgação inicial, ele me chamou de lado e advertiu:

— Filha, eu não quero você se metendo em confusão, combinado? A PUC está sempre envolvida nessas manifestações de estudantes, e quem paga sua faculdade sou eu. Esse problema é meu, não seu. Fique fora disso.

Eu assenti, prometendo que manteria a discrição, mas bastou cruzar as portas da universidade para entender que aquilo não fazia parte da minha natureza. No primeiro dia de aula, uma voz ecoou na sala, informando que precisaríamos de um representante de sala. Levantei o braço, sem hesitar, como fazia desde criança. Assim começou minha trajetória no centro acadêmico, um universo que me interessava muito mais do que os estudos formais de fonoaudiologia, devo admitir.

O curso acabou se tornando um desafio inesperado para mim, já que era muito mais voltado para a biologia do que para as ciências humanas – repleto de anatomia, cadáveres e estudos minuciosos sobre o cérebro. Nada disso ressoava comigo, mas o medo de decepcionar meu pai me manteve firme ali por dois anos. Até que chegou o momento de fazer estágio. Meu primeiro dia no Hospital de Defeitos da Face, próximo ao Aeroporto de Congonhas, foi um divisor de águas. Ali, crianças de famílias carentes aguardavam atendimento para questões graves de fala – lábio leporino, ausência do palato superior e problemas severos de dicção. Como estagiários, nossa função era ajudar com exercícios simples, como assoprar canudos ou pronunciar fonemas. Mas algo dentro de mim se revirou ao observar aquelas mães exaustas e sobrecarregadas. Como elas poderiam dedicar tempo à terapia dos filhos quando mal conseguiam colocar comida na mesa? Saí de lá transtornada. Naquela noite, eu soube que aquilo não era para mim. Eu queria poder comunicar sobre os problemas, conversar e debater sobre eles e foi quando decidi que seria jornalista.

Contar essa decisão ao meu pai não foi fácil. Jornalismo, para ele, não era uma profissão. Talvez por isso a ideia nunca tivesse me ocorrido antes. Mas os dois anos na PUC, as conversas e as experiências no centro acadêmico, tudo apontava para esse caminho. Para que ele aceitasse minha mudança, concordei com uma condição: não faria a transferência para Jornalismo dentro da própria PUC. Assim, ficaria afastada das "bagunças", como ele dizia, do centro acadêmico e das manifestações que tanto o preocupavam. Aceitei. O que ele não sabia é que essa contestação já ardia dentro de mim forte demais para ser apagada.

✦✦✦

Como era de se esperar, se eu queria algo, teria que ser o melhor. E, na época, o melhor curso de jornalismo era, sem dúvida, o da Cásper Líbero. Então não tive dúvidas, prestei vestibular de novo e apenas para essa faculdade. Eu amava a Avenida Paulista, aliás, amo até hoje, e ela sempre me passou essa sensação de pluralidade, de encontro de todos os tipos de pessoas. Na época, ainda mais, porque era o centro econômico de São Paulo. Eu admirava o prédio da Gazeta, imponente e cheio de história.

Quando comecei a faculdade, foi uma paixão à primeira vista. Eu me sentia viva, como se tivesse finalmente encontrado meu lugar no mundo. O curso era fascinante. Naquele tempo, nós ainda usávamos máquinas de escrever e eu adorava o barulhinho das teclas batendo no papel e a sensação das laudas se empilhando. Eu descia para os estúdios da Rádio Gazeta, onde tínhamos aulas práticas e meus professores eram jornalistas de verdade: um era repórter aqui, outro trabalhava ali, todos tinham histórias incríveis para contar. O jornalismo estava impregnado naquelas paredes – as lutas, as conquistas, os desafios.

No primeiro semestre, minha ânsia por conhecer a profissão na prática já era imensa. Afinal, eu sempre fui atraída pelas luzes, pelas câmeras e pela ação. Desde pequena, adorava posar para fotos e sentir os holofotes. Assim como via minha mãe nos palcos, brilhando, eu queria brilhar também. Foi então que um grande amigo da família, Boris Ber, entrou na minha história. A mãe dele era nossa vizinha e melhor amiga da minha avó e da minha mãe. Nossa família era pequena, e a deles nos adotou como parentes. O Boris era como um tio ou um irmão mais velho. Ele trabalhava com seguros e tinha como cliente ninguém menos que Guilherme Stoliar, na época vice-presidente do SBT e parente de Silvio Santos.

Então eu tive uma ideia: perguntei ao Boris se seria possível me levar até o SBT para conhecer a redação de jornalismo. Expliquei que queria conhecer e sentir a energia do lugar. Ele concordou, e um dia me ligou avisando que estava indo para lá, perguntando se eu gostaria de ir também. Não pensei duas vezes.

Quando chegamos, ele me apresentou ao Guilherme Stoliar e me chamou de prima ou algo assim. Para minha surpresa, Stoliar me pegou pela mão e me levou pessoalmente para conhecer o SBT. Só muito tempo depois é que eu percebi o quão raro aquilo foi. Eu trabalharia quatro anos no SBT e nunca mais cruzaria com ele daquele jeito. No entanto, naquele dia, ele andou comigo pelos corredores, entrou comigo na redação e pediu que o pessoal me desse alguma atenção para apresentar a redação.

Para ficar ali, ganhei um crachá de visitante e uma etiqueta com meu nome colada em um plástico simples. Isso me permitia circular por todo o canto. Que experiência incrível foi aquela! Eu observava e absorvia tudo. O clima de redação me fascinava. Naquela época, ali funcionavam o *Aqui Agora*, o *Telejornal Brasil*, com Boris Casoy, e o *Jornal da Lilian Witte Fibe*. Eu via de perto figuras icônicas como Pedro de Lara, Jacinto Figueira Júnior, Gil Gomes, e cruzava direto com o César Tralli, que começava sua trajetória como eu.

Foi então que conheci um lugar chamado "sala de escuta". Um espaço onde se monitoravam os canais de televisão, as rádios, as frequências da polícia e do corpo de bombeiros. Era dali que muitas pautas nasciam. Muitas vezes, inclusive, o *Aqui Agora* chegava ao local antes mesmo das autoridades, de tão rápidas que as informações eram passadas. Lembro que alguém me disse que era por ali que tudo começava, e me interessei tanto pela sala que acabei batendo um bom papo com uma menina que trabalhava lá.

Na hora de ir embora, agradeci a todos e, ao me despedir, várias pessoas me disseram "até amanhã". Na hora só sorri e não vi motivos para explicar que eu era apenas uma estudante visitando a redação. No entanto, quando voltei para casa, aquilo ficou ecoando na minha cabeça. Até porque ninguém havia pedido de volta meu crachá de visitante... Só que, além de determinada, eu também sempre fui bem cara de pau. Então, no dia seguinte, cheguei na porta do SBT como se fosse a coisa mais natural do mundo, mostrei meu crachá, a pessoa abriu a catraca, eu entrei e dei bom dia para o pessoal da redação.

Por quatro meses eu trabalhei no SBT sem ter sido oficialmente contratada. Entrava na sala de escuta e, como havia muita coisa acontecendo, a menina que trabalhava lá acabou pedindo minha ajuda. Eu não hesitei. Enquanto ela monitorava uma parte dos canais, eu ficava no radinho pegando informações e repassando. Eu não sabia nem datilografar direito, mas aprendi na marra. Lembro que o Feliz, que fazia a previsão do tempo no *Aqui Agora*, certa vez me pediu para pegar a previsão do dia seguinte na meteorologia, datilografar e passar para ele. O jornal já estava quase entrando no ar e eu, suando frio, catei milho na máquina de escrever e entreguei a lauda como se fosse a coisa mais natural para mim. Chegava todos os dias no horário, ajudava na sala de escuta e, ao terminar, me oferecia para acompanhar os repórteres para ver como faziam as reportagens e aprender cada detalhe.

Nos fins de semana, também aparecia para ajudar no plantão. Fiz muitas amizades com repórteres e cinegrafistas nessa época, e todos viam minha vontade de aprender. Aos poucos, fui pegando o jeito da edição, da gravação de passagens e entendendo melhor o funcionamento da redação. Até que, um dia, a menina que ficava na sala de escuta comigo foi promovida para a pauta. Foi então que olharam para mim e, pela primeira vez, perguntaram se eu estava contratada. Eu pisquei, sem entender e sem saber como responder, mas não demorou muito até que alguém dissesse:

— Vamos organizar sua papelada. Você assume o cargo da fulana.

Foi assim que, ainda no primeiro ano da faculdade, comecei a trabalhar oficialmente no SBT. Muitos dos meus professores da Cásper Líbero eram também meus colegas na redação. Meu nome de solteira era difícil de pronunciar, mesmo assim, todos me chamavam de Stella Brukirer. Minha mãe, que já tinha se apresentado em programas da comunidade judaica na TV, sugeriu que eu falasse com Boris Casoy, que a conhecia. No começo, evitei misturar as coisas, mas um dia comentei e ele imediatamente se lembrou dela:

— Sou fã da sua mãe! Fala para ela vir aqui na redação! — Levei-a comigo um dia e foi uma festa.

Nessa fase, o que eu mais gostava era que, depois do meu expediente, eu continuava na redação, esperando qualquer oportunidade para aprender mais. Às vezes, faltava repórter para alguma equipe de cinegrafistas e eu me oferecia para acompanhar. Como ainda não era formada, não podia aparecer no vídeo, mas podia fazer a reportagem. Então, começaram a me mandar para coberturas. Eu saía com a equipe, fazia a apuração, entrevistava as fontes, e depois minha matéria era narrada pelos apresentadores dos telejornais. Aquilo para mim era uma escola e uma paixão. Todos os dias, depois do meu horário na sala de escuta, eu estava na rua, gravando reportagens sem aparecer, mas vivendo intensamente o jornalismo.

✦✦✦

Bom, o que aconteceu em seguida foi que houve uma briga feia entre o diretor de jornalismo do SBT, Marcos Wilson, e o Boris Casoy. A sala do diretor ficava ao lado da sala de escuta, e eu estava lá quando tudo aconteceu. Era possível ouvir gritos de dentro da sala do Boris e ouvi até mesmo o som estridente de uma máquina de escrever sendo atirada ao chão! A confusão foi tão grande que culminou na separação da redação: de um lado, a equipe do Boris Casoy; do outro, o restante do jornalismo.

Na época, eu trabalhava nos três telejornais do SBT, tanto na sala de escuta quanto nas produções externas. Eu já havia coberto de tudo: festas de peão, rebeliões em presídios, acontecimentos políticos. Tudo aquilo que meu pai não queria que eu fizesse, eu fiz. Lembro de uma vez em que houve uma rebelião em um distrito policial e os presos atearam fogo nos colchões, jogando sopa pelo chão. Eles exigiam que apenas a equipe do *Aqui Agora* entrasse. A polícia aceitou o pedido, e lá fui eu com a equipe. Eu me lembro até hoje do cheiro de queimado, do calor sufocante, dos detentos enfiando os braços pelas grades e de alguns com as mãos ensanguentadas. O cinegrafista ia à frente e eu, escondida atrás dele, enfiava o microfone por debaixo do seu braço para captar os depoimentos. Se meu pai tinha medo de que eu me tornasse advogada criminalista para não viver em portas de cadeias, como jornalista eu não fiquei só na porta. Eu entrei!

Como naquela época não existiam celulares, minha mãe nunca sabia exatamente onde eu estava. Graças a Deus! O que ela sabia era que eu havia saído para fazer uma reportagem, mas jamais imaginava o que, de fato, eu estava fazendo. Nesse período, também entrevistei muitas pessoas famosas. Tive a oportunidade de participar de uma coletiva com Ayrton Senna, entrevistei a Marisa Monte no camarim do Olympia, fiz reportagens que iam desde coberturas policiais intensas para o *Aqui Agora* até matérias sobre exposições de arte para o *Jornal da Lilian*.

Com a divisão da redação, para a minha surpresa, Boris veio pessoalmente me convidar para integrar a equipe do *Telejornal Brasil*. Assim, fui promovida e deixei a sala de escuta para atuar na pauta do segundo maior telejornal do país. Imagine só, naquele momento, eu estava apenas no segundo ano da faculdade! Mesmo assim, já acumulava experiências que muitos jornalistas veteranos jamais tiveram. E foi uma escola extraordinária. Meu chefe, Hamilton, era uma figura. Ele teve Aids em uma época em que a doença ainda era um grande tabu. Conviver com ele e vê-lo enfrentar a doença enquanto trabalhava com um rigor impressionante foi um aprendizado de vida. Além dele, tive grandes mestres no jornalismo: Dacio Nitrini, Albino Castro, Selma Rita, e o próprio Boris. Minha chefe direta era Cristina Angelini, que se tornou uma grande amiga e me ensinou muito do que sei até hoje. Foi ela quem me ajudou a lapidar meu olhar crítico para a sociedade.

O jornalismo me fascinava cada dia mais porque, mesmo concentrada na redação, eu lidava diariamente com os mais diversos temas da sociedade. Sentia que fazia parte da construção da história, da denúncia, da investigação e da busca pela verdade. Eu tinha aquela visão idealista do jornalismo: servir à sociedade, questionar e fiscalizar o poder, sabe?

Eu sentia a responsabilidade enorme que carregava e como tudo isso tinha envolvimento com política. Uma das maiores coberturas da minha vida foi o impeachment do Collor. No *TJ Brasil*, fui a pauteira responsável pelo escândalo do Collor. Nessa época, eu lia uns seis jornais por dia e tinha uma equipe e um carro à minha disposição para buscar informações em qualquer lugar. Estive no escritório de advogados de Pedro

Collor, acompanhei a investigação, fui a Maceió duas vezes, entrei na casa de Tereza Collor, conversei com ela e consegui vários furos de reportagem.

Foi uma época intensa. As ruas ferviam de protestos, o país passava por uma grande transformação, e eu estava lá, vivendo cada momento como jornalista e cidadã. Naquele período, a Record estava investindo para construir um jornalismo de referência. Queriam levar profissionais de outras emissoras para estruturar um jornalismo de credibilidade. Foi então que recebi um convite que, novamente, mudaria toda a minha vida. Era época das eleições presidenciais. A primeira eleição entre Fernando Henrique Cardoso e Lula, em 1994.

A minha chefe de pauta, Cristina Angeline, foi convidada pela Record para chefiar esse núcleo. Ela, então, logo me convidou para me juntar a ela, ainda que não fosse exatamente um trabalho garantido a longo prazo. Era um núcleo temporário, criado para trabalhar por três ou quatro meses, cobrindo as eleições até a posse. Isso foi ali pelo segundo semestre, agosto ou setembro. Eu tinha 23 para 24 anos, mais ou menos. Hesitei. Já estava há quatro anos no SBT e era querida por todos ali. Claro que eu pensava que dali eu poderia seguir para a Globo. Mas, ao mesmo tempo, sabia que precisava conhecer outros lugares. Sempre tive essa inquietação de buscar novos desafios, de me reinventar. Então, aceitei o convite que mudaria tudo mais uma vez.

Falei com o Boris, saí bem do SBT e fui para a Record. Meu plano era: trabalhar nas eleições e, depois, passar um tempo fora do Brasil, talvez em Israel, um lugar que sempre quis conhecer. Mas a vida tem seus próprios planos e quando o contrato estava terminando, a Record fez uma proposta para manter boa parte da equipe do núcleo de eleições. Minha chefe foi promovida a chefe de pauta do jornalismo e me chamou para ficar. Mas eu queria ir para a rua, fazer reportagem. Estava recém-formada e queria viver essa experiência.

Chegamos a um acordo e fiquei responsável pelas pautas, mas também por algumas reportagens para o jornal local. E, assim, começou uma nova fase. Me deram a equipe de abertura do dia, que começava a gravar às 6h da manhã. Eu saía de casa às 5h, me maquiava na redação e ia cobrir enchentes, trânsito pós-feriados, o que fosse necessário. Lembro que uma reportagem que me marcou muito foi a de uma enchente na Vila Nova Cachoeirinha. Cheguei de galochas com minha equipe e vimos que as pessoas tinham perdido tudo. Entrei em casas e vi famílias que trabalharam uma vida inteira para comprar uma geladeira, um fogão, uma cama e agora não tinham nada. Vi crianças sem roupas, sem brinquedos. Fiquei tão impactada que, ao final, olhei para meus colegas e disse:

— Gente, não dá para fazer a reportagem e simplesmente ir embora. Vamos fazer algo?

Fizemos uma vaquinha entre nós três – cinegrafista, iluminador e eu – e paramos no mercado para comprar produtos de higiene, chinelos, materiais de limpeza e voltamos para distribuir. Aquilo foi um divisor de águas para mim. Me fez refletir muito sobre o papel do jornalismo e sobre o impacto que podíamos ter na vida das pessoas.

Outro caso que me marcou foi o da Escola Base. Um casal de diretores escolares havia sido acusado de abusar de crianças. Foi um show de horror e a imprensa destruiu a vida dos dois. Eu estava na apuração desse caso, só que, no fim, eles foram inocentados. E como a imprensa noticiou isso? Com uma simples e minúscula nota de rodapé. Foi um choque para mim e comecei a me questionar, ali, se o jornalismo diário era realmente o que me fazia feliz. Além disso, minha vida social estava desaparecendo. Eu só trabalhava. Meus amigos eram jornalistas mais velhos. Eu já não frequentava mais a comunidade judaica. E, aos 24 anos, comecei a me perguntar como eu conseguiria construir uma família com o tipo de vida que eu levava.

Num sábado, saí da Record e resolvi ir ao clube Hebraica. Lá, reencontrei um ex-namorado e sentamos para almoçar. Em determinado momento, um homem simpático encostou na mesa e meu ex-namorado nos apresentou:

— Este aqui é o Marcel Hollender. Ele tem uma produtora e faz um programa aqui para a Hebraica. Marcel, esta é a Stella, ela é jornalista da TV Record. Quem sabe vocês não fazem algo juntos?

Gostei dele de cara. Trocamos contatos e seguimos em frente.

Algum tempo depois, ele me ligou com uma proposta de trabalho. Um vídeo institucional para o Grito de Carnaval da Brahma. Quanto? Perguntei, tentando disfarçar a ansiedade. Quando ele disse o valor, aceitei antes que mudasse de ideia. Um único *freela* que pagava o mesmo que meu salário inteiro na Record.

Gravamos e foi um sucesso. Alguns dias depois, o telefone tocou de novo. Tinha mais um. *Quer pegar*?

Era um vídeo institucional para o consulado de Israel, destacando a economia emergente do país. Eu, que já tinha vontade de conhecer Israel e voltar a me aproximar dos valores judaicos, topei na hora!

Lembro que era carnaval e que deixei qualquer tipo de celebração, festa ou viagem de lado para focar nisso. Fiz o vídeo e, para isso, passei os quatro dias imersa em fitas de arquivo, pesquisando, escrevendo e reescrevendo. Cada imagem de Israel que aparecia na tela me emocionava de forma profunda, especialmente quando via o Muro das Lamentações. Eu sentia um chamado e um desejo crescente de me reconectar com minhas raízes. Foi um despertar que me sacudiu por completo.

No momento em que entreguei o segundo projeto - que tinha me emocionado profundamente a cada recorte e imagem de Israel - tomei uma decisão definitiva. Fui até a Record e pedi demissão. Eles ficaram chocados e até tentaram argumentar, mas eu sabia que precisava seguir outro caminho. Assim, fechei um ciclo sem olhar para trás.

Reflexão de coragem:

Quando penso sobre esse período da minha vida, percebo dois momentos de coragem com bastante destaque: primeiro, a coragem de criar uma oportunidade – ao ser cara de pau e voltar ao SBT no dia seguinte – e não ter medo dela. Porque, às vezes, as oportunidades batem à nossa porta, e a gente hesita e se questiona: "Será que mereço isso? Será que dou conta? Será que sou capaz?", mas quando surgiu a primeira chance de ir ao SBT, agarrei com determinação. Não havia garantias, nada era certo, mas fui mesmo assim. Voltei no dia seguinte, me dediquei, dei o meu melhor. Sempre tive essa postura na vida: se algo surge diante de mim, eu me jogo. Porque, no mínimo, sei que vou aprender algo novo. Meu avô me ensinou isso desde cedo. Ele sempre me dizia: "Podem te tirar tudo. Seu dinheiro, seus bens e até sua dignidade. Mas uma coisa ninguém pode tirar de você é aquilo que você aprendeu".

O segundo grande momento de coragem foi quando decidi sair de algo que já conhecia, algo aparentemente seguro, para mergulhar no desconhecido. Escolhi arriscar quando recebi o convite para ir para a Record e para os núcleos de eleições. Eu já tinha aprendido muito no SBT, mas sabia que havia um mundo novo para descobrir. E eu nunca tive medo de arriscar. Nunca tive medo do que estava por vir. Sempre fui otimista, mas não uma otimista ingênua. Acreditava que, se dependesse da minha força, da minha vontade e da minha disposição, eu daria um jeito. E era nessa coragem que eu me agarrava. Sempre pensei que, qualquer que fosse o caminho que escolhesse, se eu aprendesse algo com ele, já teria valido a pena. Nunca tive medo de tomar decisões erradas, porque sabia que, no mínimo, sairia mais sábia. E esse aprendizado eu transformaria em algo positivo na minha vida.

A vida nos oferece caminhos inesperados, e ousar percorrê-los é um ato de coragem. Por isso, não hesite diante do desconhecido, lembre-se: dentro de você há uma força que você ainda nem conhece, mas ela está aí. Não espere pelo momento perfeito, pois ele nunca chega. Atreva-se, confie em si mesma e dê o primeiro passo. O mundo pertence àquelas que ousam ir além!

3

CAPÍTULO 3: Correspondente em Jerusalém

Com o tempo livre, avisei ao Marcel que estava disponível para mais projetos. Ele, a princípio, me chamou de doida por ter pedido demissão, já que esses trabalhos eram pontuais. No entanto, eu sabia que esse era o caminho que queria seguir, e logo surgiu um projeto com a oportunidade perfeita. O Marcel queria criar um programa mais moderno e jornalístico voltado para a comunidade judaica, algo mais dinâmico e relevante. Pegamos alguns temas e mergulhei de cabeça nisso. Minha primeira reportagem foi sobre a história dos judeus no Bom Retiro, em São Paulo – afinal, eu conhecia de perto essa realidade. Depois, outras matérias incluíam o trabalho do Ten Yad, uma instituição de caridade essencial para a comunidade judaica, e comecei a sentir que, finalmente, eu fazia um jornalismo alinhado com a minha identidade.

O programa se chamava *Shalom Brasil* e era produzido na produtora do Marcel. Todas as reportagens estavam dentro do universo da comunidade judaica – cobríamos eventos, discutíamos pautas relevantes e trazíamos informações que, muitas vezes, não tinham espaço na mídia tradicional. Foi nesse contexto que acabei fazendo uma reportagem em uma sinagoga. E aqui entra um ponto importante sobre o que acontecia na minha casa naquela época: meu pai havia perdido a mãe. No judaísmo, quando um homem perde um dos pais, ele deve rezar o *Kadish** diariamente na sinagoga durante um ano para elevar a alma do falecido. É um ritual exclusivo para filhos homens e, por isso, meu pai passou a frequentar a sinagoga todos os dias.

Isso foi um completo choque para mim. Afinal, eu havia crescido em um lar judaico secular, não seguíamos as práticas religiosas ortodoxas. Sabíamos que éramos judeus, mas a conexão com nossa identidade vinha muito mais da cultura do que da religião. Não havia prática, regras ou rituais. Na minha casa, comíamos carne de porco, frutos do mar – e meus avós também sempre foram liberais. Eu não havia estudado em uma escola judaica e, então, meu conhecimento sobre o judaísmo era bastante superficial até então. Para mim, judaísmo se resumia ao *Seder de Pessach*,** ao jantar de *Rosh Hashaná**** e ao

---

* Embora frequentemente associada ao luto, o *Kadish* sequer menciona a morte. É, na verdade, uma prece que celebra a grandeza da vida e da conexão com o divino, mesmo quando o chão some debaixo dos nossos pés.

** O *Seder de Pessach* é a celebração ritual da Páscoa judaica, realizada na(s) primeira(s) noite(s) da festividade. Consiste em uma refeição cerimonial estruturada a partir da *Hagadá*, texto que narra a saída dos hebreus do Egito, combinando leituras, cânticos, perguntas e alimentos simbólicos – como o pão ázimo (*matzá*), ervas amargas e vinho – em memória da libertação do povo judeu da escravidão.

*** *Rosh Hashaná* é o Ano-Novo judaico, celebrado no primeiro e segundo dias do mês de *Tishrei* (corresponde, aproximadamente, a setembro/outubro no calendário gregoriano). Marca o início do calendário religioso e é um tempo de introspecção, arrependimento e renovação espiritual. A tradição inclui o toque do *shofar* (chifre de carneiro), orações solenes e refeições simbólicas, com alimentos como maçã com mel, que expressam o desejo por um ano doce e próspero.

jejum de *Yom Kipur*,* que meu pai fazia rigorosamente todos os anos. Mas, com esse processo de luto, ele começou a se aproximar da religiosidade de uma forma intensa. E, com isso, os hábitos dentro de casa começaram a mudar também.

De repente, a comida mudou. Ele parou de comer carne de porco e frutos do mar, começou a falar sobre judaísmo o tempo todo. Aos poucos, passou a seguir práticas do *Shabat*** – primeiro, indo à sinagoga às sextas-feiras e aos sábados, depois deixando de usar o carro nesses dias. Sua estante de livros, antes cheia de biografias e política, passou a ser dominada por títulos sobre judaísmo. E minha mãe e eu não sabíamos como lidar com isso.

Para mim, aquilo era mais um motivo para me afastar dele. Sempre tivemos um relacionamento difícil, e essa sua nova fase só serviu para aumentar nossa distância. Eu via tudo aquilo como uma imposição e reagi da forma mais natural para mim: com rebeldia. Cheguei a dizer para minha mãe que, se ela quisesse se separar, eu ficaria ao lado dela sem pensar duas vezes. Mas algo curioso aconteceu. Ao mesmo tempo que eu rejeitava a transformação do meu pai, minha aproximação com a comunidade judaica pelo *Shalom Brasil* despertava uma curiosidade em mim. Além disso, eu queria entender o que meu pai estava descobrindo, mas sem dar o braço a torcer.

* *Yom Kipur*, ou Dia do Perdão, é a data mais sagrada do calendário judaico. Celebrado no décimo dia de *Tishrei*, marca o ápice dos Dez Dias de Arrependimento iniciados em *Rosh Hashaná*. É um dia de jejum completo, introspecção e orações intensas, dedicado à expiação dos pecados e à busca de reconciliação com Deus e com o próximo.

** *Shabat* é o dia de descanso semanal do judaísmo, celebrado do pôr do sol de sexta-feira ao anoitecer de sábado. Comemorando o repouso divino após a criação, é um tempo sagrado marcado por rituais domésticos, como o acendimento das velas, bênçãos sobre o vinho (*kiddush*) e o pão trançado (*challah*), orações comunitárias e a suspensão de atividades laborais, em favor da contemplação, da família e da espiritualidade.

Então, comecei a pegar os seus livros escondida, quando ele não estava em casa.

E foi assim, em segredo, que eu também comecei a mergulhar em um universo que até então me era desconhecido. Não era uma questão de regras ou práticas ortodoxas, mas de filosofia e ética judaicas. Encontrei conceitos que faziam sentido para mim: a importância de uma sociedade mais justa, o valor da palavra e a necessidade de buscar a felicidade com aquilo que se tem. Eram princípios que conversavam diretamente com meus próprios valores, aqueles que sempre carreguei comigo sem sequer perceber que tinham um nome e uma tradição por trás. Mas, claro, eu não falava nada para ninguém. Principalmente para o meu pai.

Um belo dia, fui fazer uma reportagem em uma sinagoga que ficava bem em frente à minha casa, no bairro de Higienópolis, tradicionalmente judaico nos dias de hoje. Lá, conheci um rabino mexicano casado com uma americana. A pauta era sobre como aquele espaço estava atraindo muitos jovens e se tornando um centro vibrante de encontros e estudos. No final da entrevista, o casal me convidou para jantar na casa deles, uma sexta-feira à noite. Hesitei por um instante, pois já tinha planos com meus amigos, mas pensei: "Posso jantar lá e depois encontrá-los", então aceitei o convite.

Para minha surpresa, a experiência foi transformadora. Até ali eu sempre tinha associado o universo ortodoxo a um ambiente fechado, onde as pessoas não interagiam com quem estava fora desse círculo. Na minha cabeça, eram indivíduos limitados, presos a tradições antiquadas. Mas, ao me sentar àquela mesa, percebi que minha visão estava equivocada. O rabino e sua esposa, assim como muitos outros casais que frequentavam aquela sinagoga, não haviam nascido em famílias religiosas. Eram pessoas como eu, que cresceram em ambientes seculares e descobriram o judaísmo em algum momento da vida. Fascinadas pelo que encontraram, decidiram então adotar essa forma de viver. Minha identificação foi imediata. Eles eram inteligentes, articulados e, acima de tudo, conscientes das escolhas que haviam feito.

Aquilo me intrigou profundamente. E, a partir daquela noite, eu me aproximei do casal e comecei a estudar com o rabino. Descobri um universo novo que fazia sentido para mim, que dialogava com a minha visão de mundo e que respondia a perguntas que eu nem sabia que tinha. E, enquanto isso acontecia, continuava meu trabalho como repórter, mas, aos poucos, fui me transformando.

Eu comecei a entender, a estudar e a gostar daquele estilo de vida. Sempre fui intensa, mas coerente com aquilo que acreditava. Então, para mim, não fazia sentido apenas absorver aquele conhecimento sem incorporá-lo à minha vida. Aos poucos, minhas escolhas começaram a refletir essa nova fase: primeiro, não apenas parei de comer carne de porco e frutos do mar, como deixei de comer fora de casa, me alimentando apenas daquilo que seguia as designações *kasher*.* Em seguida, decidi não comer mais depois de certo horário. Passei a frequentar os jantares de *Shabat*

* *Kasher* (ou *kosher*, na forma anglicizada que encontramos de algumas embalagens no mercado) designa os alimentos permitidos segundo as leis dietéticas judaicas, conhecidas como *kashrut*. Essas normas estabelecem, entre outros preceitos, a separação entre carne e leite, o abate ritual dos animais (*shechitá*) e a proibição de certos produtos, como carne de porco e frutos do mar. O termo também pode se aplicar, em sentido mais amplo, ao que está em conformidade com a tradição e a lei judaica.

na casa dos rabinos e, mais tarde, deixei de sair com meus amigos nas sextas-feiras à noite.

Todo esse processo durou exatamente um ano. Ao longo desse período, enquanto trabalhava no programa *Shalom Brasil*, minha transformação foi se intensificando. No final do ano, já cumpria todas as práticas judaicas ortodoxas: vestia saias longas, cobria o corpo, evitei cumprimentar homens com beijos e abraços, e minha alimentação se tornou totalmente *kasher*. Minha mãe, para minha surpresa, acabou aderindo também, tornando nossa casa *kasher* para manter a família unida. Meu irmão ainda resistia, mas, com o tempo, também se aproximou dessa nova realidade.

No segundo semestre daquele ano, a sinagoga anunciou uma viagem de um mês para Israel, com passeios e estudos – eu mal podia acreditar como as peças iam se encaixando nos meus planos. Eu nunca havia ido a Israel e, naquele momento, tudo o que mais queria era viver essa jornada. Queria conhecer minha história, minhas raízes.

Aos 25 anos, embarquei para Israel com um grupo de jovens. O programa em si era ortodoxo, mas os participantes vinham de diferentes contextos religiosos. Ao chegar em Jerusalém, me apaixonei. Vi crianças andando sozinhas pelas ruas, independentes e seguras. Entrei nas casas de famílias ortodoxas e encontrei lares que me pareceram um sonho: todos sentavam à mesa juntos, as crianças tinham espaço para se expressar e, ao mesmo tempo, respeitavam os mais velhos. Pequenos gestos carregavam significados profundos, como a ordem de distribuição da *challah*, o pão do *Shabat*, que começava sempre pelos mais velhos. Tudo aquilo fazia muito sentido para mim.

Além disso, Israel me encantou por algo que eu não esperava: lá, o valor de uma pessoa não era medido apenas pelo sucesso financeiro ou pelo status profissional. Existia algo mais profundo, um reconhecimento baseado em quem você era e o que representava. Esse mundo menos materialista me encantou e eu ansiava vivenciar toda aquela experiência. Ao longo do mês, nós viajamos por todo o país, do norte ao sul. Pisei na história dos meus ancestrais e senti essa conexão de uma maneira visceral. No entanto, apesar desse deslumbramento, eu percebia que a minha mudança não tinha sido bem recebida por todos. Durante aquele ano de transformação, sofri julgamentos e críticas de amigos que não entendiam minha escolha. Diziam, perplexos: "Como assim você não sai mais na sexta-feira? Como assim não me dá mais um abraço? E essas roupas?".

Eu até entendia o espanto, afinal, eu sempre fui expansiva e vaidosa, usava roupas curtas e chamativas. E, de repente, em um curto espaço de tempo, tinha me tornado uma nova versão. Mesmo assim, era complexo de lidar porque eu ainda tinha muito carinho por essas pessoas, mas também estava convicta das minhas decisões.

A volta para o Brasil foi difícil. Eu ainda não estava pronta para voltar e sabia que precisava passar mais tempo em Israel para me aprofundar naquela realidade. Minha mãe, sempre generosa, me apoiou completamente. Ela me disse algo que jamais esqueci:

— Não quero ser o motivo pelo qual, no futuro, você olhe para trás e sinta que não viveu a vida que escolheu.

Meu pai, imagine só, estava radiante! Ele, que um dia me considerou um caso perdido, agora me via seguir um caminho que ele próprio tinha trilhado um pouco antes.

Assim, tomei minha decisão de voltar para Israel. Então fui conversar com o Marcel, dono da produtora, afinal, nós tínhamos criado uma amizade muito grande e não foi fácil aceitar minha mudança, até porque ele ia perder a repórter e editora. Marcel e eu mantivemos uma amizade muito bonita ao longo de anos e, em 2024, logo depois que perdi meus pais, perdi também o Marcel. Foi um duro processo de luto e parte da minha coragem para escrever este livro agora veio também da vontade de deixar o registro da história que vivemos juntos.

✦✦✦

Surgiu, então, um novo jornal na comunidade judaica, e me convidaram para ter uma coluna nele sobre Israel. Assim, já fui para Israel como correspondente desse jornal. Comprei uma passagem de ida com volta para um ano e me arrisquei para ver como as coisas aconteceriam. Nessa época, eu morava com os meus pais em um apartamento de alto padrão no bairro de Higienópolis. Tinha uma suíte só para mim, um quarto decorado, e na suíte, uma banheira de hidromassagem. Duas pessoas trabalhavam na casa. Então, até ali, eu nunca soube sequer quebrar um ovo, imagine cozinhar ou ligar uma máquina de lavar roupa.

Minha vida era outra, mas quando decidi morar em Israel, eu me dizia que queria aprender a ser gente. Porque pensava que se algo acontecesse e toda a minha vida mudasse, eu precisava saber como me virar. Fui morar então em um instituto para meninas sul-americanas que desejavam estudar e se aprofundar no judaísmo ortodoxo. Nós morávamos em apartamentos alugados, com uma cama de ferro para cada uma e um colchão de três dedos de altura. Meu espaço se resumia a um pequeno armário de plástico e eu dividia o quarto com outras meninas. No apartamento não havia máquina de lavar roupa. Portanto, eu precisava ir até outro lugar para lavar minhas roupas e trazê-las em um saco de lixo para secar. Para dar conta de todos os afazeres, as meninas e eu fazíamos um revezamento para limpar o apartamento e fazer a faxina. Pela primeira vez na vida, eu lavava uma privada e esfregava o chão! E, estranhamente, isso me trazia muita satisfação. Eu sentia que aquilo, de alguma maneira, me empoderava. Tornava possível que eu não dependesse de outras pessoas para fazer o básico.

Eu queria aprender mais sobre a vida e sobre aquela cultura, queria crescer. Decidi então que, além do meu trabalho no jornal e do horário de estudos, eu faria faxina na casa de algumas famílias. Em troca, pediria que me ensinassem a cozinhar. Assim, passei a frequentar diversas casas e ajudava a arrumar, lavar e organizar. Depois, eu me sentava na cozinha com um caderninho de receitas e ficava observando e aprendendo. Foi assim que aprendi a cozinhar e a cuidar de casa. E foi assim que aprendi a "ser gente".

Aproveitei o período também para conhecer melhor toda a região e, nas horas vagas, fazia um pouco de turismo, afinal, na época em que produzi aqueles materiais para o Marcel, eu tinha ficado completamente encantada com o país e queria conhecer pessoalmente tudo o que pudesse.

Lembro que quando assisti àqueles diversos vídeos sobre Israel para criar o roteiro do consulado, uma das imagens que mais me tocou foi a de um senhor de barba branca rezando no Muro das Lamentações. Não sei por que, mas o rosto dele me marcou profundamente e me emocionei bastante vendo aquela cena.

Imagine a minha surpresa quando finalmente fui ao Muro das Lamentações e encontrei aquele mesmo senhor! Eu me aproximei e fui conversar com ele, porque queria escutar sua história, e naquele momento senti que estava no caminho certo. Foi como um sinal do universo! Um momento realmente marcante para mim. Eu estava sozinha, longe da minha família e das minhas amigas no Brasil. Algumas amigas que fiz em Israel também estavam nesse processo de retorno à religião por meio do judaísmo ortodoxo, mas, ainda assim, em muitos momentos, eu sentia uma solidão intensa. Dividia minha rotina com meninas que não conhecia bem, compartilhava espaços pequenos e um estilo de vida completamente diferente do que eu estava acostumada. Tudo isso fazia parte da minha transformação, do meu aprendizado sobre coragem e sobre quem eu realmente era.

A cada dia, eu me sentia mais conectada àquela nova realidade. A cidade, o modo de vida, a espiritualidade, tudo fazia sentido para mim. Cada oração, cada refeição, cada novo ensinamento reforçava minha escolha. Mas, junto com isso, também vieram desafios, é claro. Viver em Israel, ainda mais em um período de tensão como aquele, significava lidar com perigos reais. A intifada estava em curso, e ataques terroristas aconteciam com frequência. Jerusalém, em especial, era um alvo constante, e ônibus explodiam em atentados, espalhando medo e incerteza.

Havia dias em que eu me perguntava se estava preparada para enfrentar tudo aquilo, se era realmente ali que eu deveria estar. Mas bastava um instante de conexão - uma conversa, um aprendizado novo, um gesto de acolhimento - para que eu soubesse, com toda a certeza, que sim, eu estava exatamente onde deveria estar.

Foi então que um amigo jornalista, Marc Tawil, que naquela época trabalhava na Jovem Pan, me ligou. O noticiário estava tomado por explosões e tensão, e ele sabia que eu estava em Jerusalém. Sem rodeios, ele perguntou:

— Posso entrar ao vivo com você? Assim você conta para a gente como está o clima por aí.

Eu respondi de pronto:

— Claro, sem problema nenhum.

Naquela época, meu avô já tinha me dado um celular, um daqueles aparelhos novos que ainda não eram muito comuns. Ganhei esse telefone depois de passarmos por um susto: um dia, enquanto eu estava em uma aula particular de hebraico, uma bomba explodiu em Israel e minha família ficou preocupadíssima, porque não conseguiam me localizar. Meu avô, desesperado, achou que eu tinha morrido! A partir dali, ele decretou:

— Agora você vai ter um celular e ponto final.

E foi assim que, pelo meu próprio telefone, entrei ao vivo na Jovem Pan e relatei o que estava acontecendo. O que eu jamais poderia imaginar era que essa entrevista mudaria minha vida. Meu ex-chefe do SBT e o outro ex-chefe da Record estavam ouvindo a rádio naquele momento. Eles ficaram surpresos ao ouvir minha voz transmitindo diretamente de Jerusalém e assim que terminei minha entrada ao vivo, o SBT entrou em contato com a minha mãe, conseguiu meu telefone e me ligou. Naquela época, Boris Casoy já tinha deixado o SBT e estava na Record. O telejornal *TJ Brasil* estava sob o comando de Hermano Henning. Foi então que um dos meus ex-chefes, Albino Castro, me fez a proposta:

— Quer trabalhar como correspondente para o SBT? Fazer entradas ao vivo, cobrir a guerra, relatar o dia a dia de Jerusalém?

Meu coração disparou. Aquilo era o meu sonho! Eu amava jornalismo e aceitei sem pestanejar. Além disso, me entusiasmava a ideia de mostrar para o Brasil uma visão autêntica de Jerusalém, sem distorções e sem vieses. Apenas a realidade, nua e crua. Meu pai, no entanto, não gostou nem um pouco da ideia, como você pode imaginar. Afinal, ser correspondente significava estar nos lugares onde as bombas explodiam – eu pegava constantemente um ônibus que ia para o Muro das Lamentações, um dos mais visados pelos atentados. Mas minha decisão já estava tomada.

Pouco depois, a Record também me procurou. Boris Casoy, que eu admirava profundamente, me ligou perguntando a mesma coisa, se eu queria ser correspondente deles. Meu coração ficou dividido, claro. Trabalhar com Boris seria um privilégio, mas eu já tinha fechado com o SBT e minha palavra é minha palavra. A decisão foi totalmente baseada nisso: a Record demorou um pouco mais, e o SBT foi mais rápido. Simples assim.

Comecei, então, minha jornada como correspondente em Israel. Era um trabalho intenso. Eu escrevia uma coluna no jornal, fazia entradas ao vivo para o programa *Shalom Brasil*, do meu amigo Marcel, e, todas as noites, entrava ao vivo no *TJ Brasil*. No Brasil, eram oito da noite, mas em Jerusalém, uma da manhã. Muitas vezes, eu estava de pijama na cama, falando ao vivo para milhões de pessoas. Não havia equipe comigo. Não havia estrutura. Apenas minha voz e uma foto minha segurando um microfone – se isso fosse nos dias de hoje, com certeza a história seria bem diferente.

Mesmo assim, minha rotina não se resumia ao jornalismo. Durante o dia, fazia a faxina em casas para me sustentar e aprender a cozinhar – experiências tão grandiosas para mim quanto ser correspondente do SBT. Eram parte da minha construção como ser humano, como mulher. Além disso, eu tinha outra paixão: compartilhar com as pessoas a beleza do judaísmo. Todas as sextas-feiras, eu ia ao Muro das Lamentações, escutava jovens mochileiros sul-americanos que estavam de passagem e os convidava para jantar o *Shabat* na residência de famílias ortodoxas. Algumas dessas famílias tinham casas abertas e recebiam desconhecidos, juntando vinte, trinta pessoas ao redor da mesa. Isso me fascinava. Meu sonho sempre foi ter uma casa assim: cheia de gente, cheia de conversas significativas, onde se falasse sobre a vida, sobre valores, e não sobre futilidades.

A vida em Israel era intensa. O domingo lá é uma segunda-feira no Brasil, o que significava uma rotina frenética. Mas, apesar de tudo, eu me sentia corajosa, preenchida e orgulhosa de mim mesma. Eu saí da minha realidade e arrisquei. Eu tinha tudo: uma família, uma casa estruturada, um bom emprego. Mas eu queria mais. Eu queria ser alguém. E fui atrás disso.

Lembro bem dessa sensação de orgulho, sabe? Caminhando sozinha pelas ruas de Jerusalém, com aquele orgulho enorme da minha atitude, da minha coragem. Afinal, eu tinha me lançado a um país cuja língua não falava e onde precisei ser alfabetizada do zero. No trabalho, usava o inglês, lia jornais em inglês, morava em um bairro majoritariamente americano e francês. E me sentia dona do meu destino. Sempre gostei desse pluralismo e morar em Jerusalém, um lugar para onde os olhos do mundo estão constantemente voltados, o centro de tantas religiões, um polo cultural repleto de história... Eu abri mão de muita coisa para estar lá e isso me fazia sentir poderosa. Eu sentia que, depois de ter conseguido aquilo, poderia conquistar qualquer coisa na vida.

✦✦✦

Foi nesse período que comecei um trabalho de apresentar o judaísmo ortodoxo para sul-americanos, incluindo brasileiros. Eu estava com 27 anos, quase 28, e completamente firme na minha ortodoxia. Cumpria tudo à risca. Não importava se fazia 50 graus, eu usava meia-calça. Seguia tudo com absoluta dedicação. De jornalista para judia ortodoxa, vivia mergulhada naquele universo, cercada de pessoas com histórias parecidas com a minha, vindas de todas as partes do mundo. Isso ampliou meus horizontes e abriu minha mente. Conhecer diferentes culturas, diferentes visões de mundo, tudo isso me enriquecia profundamente.

Até que chegou o momento seguinte. O rabino do lugar onde estudava me chamou e disse que eu estava pronta para conhecer alguém para me casar. No mundo ortodoxo, o processo funciona assim: alguém apresenta você a uma pessoa, dá informações sobre ela – como idade, ocupação, histórico – e, se ambos concordam, marcam um encontro às cegas em um local neutro, geralmente um hotel. Nessa época, lembro que cheguei a sair com dois rapazes, mas não deu certo. Além disso, eu tinha colocado na minha cabeça que só queria casar com um brasileiro porque tinha medo de me casar com um estrangeiro. No entanto, com o tempo e já sentindo a idade avançar dentro do mundo ortodoxo, resolvi ampliar as possibilidades e passei a considerar também os americanos.

Meu rabino e a esposa começaram a buscar candidatos também em *yeshivot** americanas, que são as escolas onde os rapazes estudam. Foi então que, em fevereiro, pouco antes da festa de *Purim*, quando as pessoas se fantasiam e recontam a história da Rainha Ester, decidi que passaria um mês no Brasil. Eu já estava com a passagem comprada e a mala pronta quando a esposa do rabino me procurou. Havia um rapaz em uma *yeshivá* americana pequena, mas muito respeitada, em Bnei Brak – uma cidade ortodoxa próxima a Tel Aviv. E a esposa do rabino de lá queria me conhecer. Eu já estava com tudo pronto para viajar, mas aceitei ir até lá, sem compromisso. Peguei

* *Yeshivot* (plural de *yeshivá*) são instituições de estudo religioso judaico, dedicadas principalmente ao aprofundamento na Torá e no Talmude. Tradicionalmente frequentadas por homens, sobretudo nas correntes ortodoxas, as *yeshivot* desempenham um papel central na formação intelectual, espiritual e ética das lideranças religiosas judaicas, cultivando uma prática intensiva de interpretação textual e debate talmúdico.

um ônibus noturno, conversei com a esposa do rabino e voltei para Jerusalém. No dia seguinte, minha rabina me ligou e disse que tinha um rapaz para mim.

"Bom, vamos escutar", pensei. Mas quando ela disse que ele não era americano, e sim lituano, levei um susto! Um cara da União Soviética? Ele só poderia ser muito diferente de mim! Já haviam me sugerido sair com um russo antes e eu recusei, por achar que a cultura era distante demais da minha. Imagine um lituano!

— Ele fala inglês fluente, é três anos mais velho que você e está livre amanhã para um encontro — ela continuou.

Eu estava a dois dias de embarcar para o Brasil. Então pensei que o pior que poderia acontecer era ficar frustrada no avião caso as coisas não corressem bem. Abri a mala para escolher uma roupa decente e, no dia seguinte, tive meu primeiro encontro com Reuven. E foi aí que começou mais uma das grandes mudanças da minha vida.

Nosso primeiro encontro foi direto ao ponto. Afinal, no mundo ortodoxo, quando um rapaz e uma moça saem juntos, ambos já sabem que querem se casar. O encontro serve para avaliar se há química, se o papo flui e se há uma conexão real. Eu contei minha história: minha trajetória como jornalista, as entrevistas que havia feito e os eventos que cobri. Já tinha entrevistado figuras internacionais, coberto a chegada dos Rolling Stones ao Brasil, conversado com chanceleres e até mesmo com Pelé. Para aquela idade, era uma história e tanto.

Então, foi a vez dele. E a história dele era ainda mais extraordinária.

Reuven cresceu na antiga União Soviética, onde tudo relacionado ao judaísmo era proibido. Ele havia sido criado dentro da filosofia comunista, inclusive pregando o ateísmo na escola. Era daqueles alunos que iam de sala em sala explicando que Deus não existia. Ele sabia que era judeu, mas sua vivência judaica era praticamente inexistente, pois qualquer prática, obviamente, era reprimida pelo regime. Tudo mudou quando, um dia, ele foi passar as férias em uma *dacha*, uma espécie de casa de campo. Por coincidência, uma família ortodoxa havia alugado o andar de cima da mesma casa onde ele estava hospedado. Aos poucos, os encontros casuais levaram a conversas, e o dono da casa de cima – um judeu religioso –, o convidou para um jantar de *Shabat*.

Aquela noite mudou tudo para ele. Fascinado pelo que tinha descoberto, ele começou a estudar judaísmo com essa família. E como tinha um bom talento para idiomas – falava oito e era um verdadeiro poliglota –, passou a integrar um grupo clandestino que estudava judaísmo escondido. Eles traficavam livros judaicos, textos em hebraico, e até organizavam cerimônias secretas. Certa vez, para ajudar um amigo, que descobriu sua ascendência judia apenas adulto, a fazer a *Brit Milah*,* ele precisou pegar um trem até Moscou, enquanto a mãe acreditava piamente que ele estava na escola, aprendendo geografia ou recitando poemas patrióticos. Na verdade, estava ajudando a levar um homem para uma clínica improvisada em Moscou, um porão úmido, talvez, ou algum consultório reciclado em segredo. Operaram-no ali mesmo. E

* *Brit Milah* é a cerimônia religiosa judaica de circuncisão masculina.

foi quando a KGB apareceu. Bateram à porta com aquela pontualidade que só o medo conhece.

Uma cena quase de filme: jovens fugindo pela janela, com o homem recém-operado nos braços, ainda grogue de dor e da anestesia certamente precária, fugindo de uma das mais imponentes agências de inteligência e segurança do mundo.

Eu, que desde pequena amava histórias de espionagem, só conseguia pensar: "Meu Deus do céu, achei meu espião!". Além de tudo, ele era brilhante. Poliglota, extremamente articulado e um estudioso voraz da Torá. Tinha crescido em um ambiente onde não havia televisão, apenas livros, e descobriu o hambúrguer, a calça jeans e McDonald's só depois dos dezoito anos. Voltei do encontro fascinada. Ao chegar, a esposa do Rabino me perguntou o que achei. No *shidduch** ortodoxo, a regra diz que ninguém pode falar diretamente para o outro se gostou ou não do encontro. Cada um deve reportar sua impressão para um intermediário, e este, depois, comunica a decisão. Assim, falei para ela que queria sair com ele de novo e, para minha felicidade, ele também queria.

Havia um único problema: minha passagem para o Brasil era no dia seguinte. Então, logo de manhã fui até a agência, paguei uma multa alta e adiei a viagem por mais uma semana. Resolvi dar uma chance ao destino e nosso segundo encontro foi de dia, em um parque. Conversamos mais, trocamos histórias. Levei fotos da minha família e dos meus amigos no Brasil e depois de mais duas horas de conversa, já estava claro para mim: eu queria vê-lo novamente. E ele também.

---

* O processo tradicional de encontrar um cônjuge.

Foi no quarto encontro, ou seja, na segunda semana (sim, eu já tinha adiado a passagem de novo), que ele me pediu em casamento. Eu aceitei. Havíamos saído apenas quatro vezes, mas já tínhamos todas as informações necessárias. No mundo ortodoxo, o toque físico só pode acontecer depois do casamento. Nada de beijos e nada de carícias. A decisão era tomada baseada na conversa, na conexão intelectual e no propósito de vida. Na semana seguinte, oficializamos o noivado. Marquei finalmente a viagem ao Brasil e, em apenas três dias, organizamos tudo: a data do casamento, salão, banda e comida.

Em Israel, os casamentos são praticamente uma indústria e tudo funciona de forma rápida e eficiente. O que eu mais gostava era essa simplicidade. Sem ostentação, sem formalidades desnecessárias. No mundo ortodoxo, o casamento não é um luxo, e sim a alegria do momento. Os convidados não estão ali para comer ou se exibir, mas para trazer felicidade aos noivos. E isso me encantava. Assim, com um noivado recém-firmado e uma festa já planejada, embarquei de volta para o Brasil.

Reflexão de coragem:

Se eu pudesse destacar os momentos de coragem nessa fase da minha vida, apenas diria que tive muita. Decidir seguir adiante sempre foi um instinto para mim, mas também um desejo profundo de permanecer fiel às minhas convicções. Enfrentei a sociedade, as críticas, os julgamentos e as perdas. Porque, sim, eu ganhei muito, mas também perdi. Perdi amigos, perdi a vida social que eu tinha, perdi um certo conforto. Mas tudo isso foi em nome daquilo em que eu acreditava. Porque cada escolha, cada renúncia, cada porta que deixei para trás me moldou de uma forma irreversível. O peso da coragem não é leve, mas é ele que nos impulsiona a seguir em frente, mesmo quando tudo ao redor nos convida a desistir.

Eu me lembro dos momentos de solidão, quando olhava pela janela do meu pequeno apartamento em Jerusalém e me perguntava se tinha feito a escolha certa. Eu me lembro da ausência de rostos familiares e do silêncio de uma cidade que ainda não era a minha. Mas, dentro de mim, havia uma vontade que queimava, insistente, me lembrando do porquê eu estava ali. Não foi fácil abandonar uma vida construída, deixar para trás amizades e uma carreira promissora. Mas sabia que, se ficasse, estaria traindo a mim mesma. O preço da autenticidade pode ser alto, mas o custo de viver uma vida que não nos pertence é ainda maior.

E então, eu segui. Escolhi viver a vida que fazia sentido para mim, mesmo que para os outros parecesse um caminho estranho ou difícil de entender. Encontrei novas amizades, construí uma nova identidade e, acima de tudo, reafirmei a minha fé e os meus valores. Olhando para trás, vejo que cada desafio enfrentado foi uma peça fundamental na construção da mulher que sou hoje. As críticas, os julgamentos, as perdas – tudo isso foi combustível para o meu crescimento. Porque, no fim das contas, a verdadeira coragem não está apenas em tomar decisões ousadas, mas em permanecer fiel a elas, apesar dos ventos contrários.

Por isso o título deste livro é A coragem para ser uma mulher feliz. *Tudo o que fiz foi movido pelo desejo de ser plenamente feliz. Se eu enxergava que algo me traria paz, tranquilidade e plenitude, simplesmente fazia, sem me preocupar com a opinião alheia. E olhando para trás, hoje percebo que minha mudança para Israel foi um dos maiores atos de coragem de toda a minha vida. E são esses momentos de uma coragem imensa que nos moldam. Os meus moldaram não apenas a mulher que sou, mas também a mulher que me tornei para os outros.*

Arrisque-se a fazer o que o seu coração pede e veja o universo abrir as portas mais incríveis para a vida que você sonha viver.

4

CAPÍTULO 4: Casamento e maternidade

No Brasil, aproveitei os poucos dias que ainda me restavam aqui, já que eu tinha mudado aquela minha passagem de vinda pelo menos três vezes para conhecer melhor meu ex-marido. Aproveitei então para fazer meu enxoval por aqui, já que a festa em Israel já estava toda planejada.

De volta a Israel, começamos a busca por um apartamento para alugar. Mobiliamos o espaço com o presente da família e, em um piscar de olhos, em um mês ou dois, havia chegado a grande data. Muita coisa estava prestes a mudar para mim. No judaísmo, o primeiro casamento marca uma mudança significativa para a mulher. Pela lei judaica, ela deve cobrir o cabelo após o casamento. Existem diferentes tradições dentro do judaísmo ortodoxo: algumas mulheres usam lenços, outras, perucas, e há linhas mais rigorosas em que elas raspam completamente a cabeça e passam a cobri-la com um lenço.

No meu caso, eu pertencia a uma vertente em que não era necessário raspar o cabelo, mas o costume era cobri-lo com uma peruca. Então, no dia do meu casamento, já entrei na cerimônia com uma – e foi assim que passei a viver dali em diante. Acho importante trazer esse ponto no livro porque, nas palestras que dou, sempre me perguntam: "Mas você raspou o cabelo?".

E, não, nunca raspei. Meu cabelo sempre esteve aqui, escondido debaixo da peruca. Era interessante perceber como, mesmo dentro do judaísmo ortodoxo, existem várias interpretações e costumes. Na minha tradição, o cabelo é considerado uma parte íntima do corpo, algo que apenas o marido pode ver. Dentro de casa, era diferente, mas para o mundo exterior, a partir de então, eu sempre estaria de peruca.

Nos casamos em Bnei Brak. O acordo era que a cerimônia aconteceria na cidade dele, mas moraríamos na minha, Jerusalém. Eu não queria viver em Bnei Brak, pois achava o ambiente muito fechado. Ao mesmo tempo, lá ele tinha muito mais amigos e conhecidos do que eu. Assim, a festa foi na cidade dele, e a nossa vida a dois começou na minha.

O casamento em si, para mim, foi uma experiência única. Uma das coisas que mais me encantava era a simplicidade do ambiente ortodoxo, a pureza da alegria, o sentido verdadeiro da celebração, sem ostentação ou exageros. O funcionamento dos casamentos em Israel era bem diferente do que eu estava acostumada. Você contratava um buffet para, digamos, 350 convidados, e escolhia um cardápio simples, com comida caseira, mas bem saborosa. As mesas eram adornadas apenas com garrafas de refrigerante e nada de garçons circulando com vinhos refinados. Era comum que muitos dos convidados, nem conhecessem profundamente os noivos, mas aparecessem no casamento apenas para cumprir uma *mitzvah** – um ato de bondade – alegrando o casal. Assim, a festa se tornava um grande encontro de pessoas que celebravam juntas, não pelo luxo, mas pela felicidade dos recém-casados.

O casamento ortodoxo segue um ritual específico. Primeiro, acontece a cerimônia religiosa sob a *huppah* (ou *chuppah*),** onde são feitas diversas bênçãos. Quando a cerimônia termina, eles são levados a um quarto privado. Esse momento tem um simbolismo profundo: é ali que, pela primeira vez, após todo o ritual religioso, o casal pode ter um contato físico. Eu me lembro de entrar naquele espaço simples, onde havia apenas um pouco de comida e bebida, e de trocarmos nosso primeiro toque, nosso primeiro beijo. Foi um instante bem marcante para mim. Porque afinal, até eu me tornar ortodoxa, eu já havia experimentado de tudo: namorei bastante, vivi intensamente a vida e explorei o mundo sem restrições. Por isso, aquele momento soava bem romântico e, ao mesmo tempo, bem estranho. Era algo completamente novo. Eu tinha acabado de me casar com uma pessoa e, só então, estava descobrindo o toque da sua pele e o gosto do beijo pela primeira vez!

Depois da festa, veio a primeira noite juntos. Nós optamos por ir direto para o nosso apartamento, que já estava mobiliado, porque em Israel não havia listas de casamento como no

---

* A expressão para "boa ação" em hebraico é *mitzvá*. Embora o termo signifique literalmente "mandamento", ele é amplamente utilizado, tanto em contextos religiosos quanto cotidianos, para designar um ato moralmente bom ou uma ação correta – por exemplo, ajudar alguém, visitar um doente ou fazer caridade.

** É o termo em hebraico que designa o dossel sob o qual os noivos se casam, durante a cerimônia de casamento judaico.

Brasil; os convidados simplesmente traziam pequenos presentes, sem necessariamente saber do que precisávamos. Graças a Deus, eu já havia comprado tudo para nossa casa, então os presentes eram, em sua maioria, itens aleatórios: jogos de copos, pratos, pequenas lembranças. Eu me lembro de achar a cena engraçada: ao final da festa, pegamos um táxi, eu e ele, carregando sacolas cheias de presentes. Sentados ali, lado a lado, ríamos da simplicidade de tudo aquilo. Não houve limusine, nem grandes despedidas. Apenas nós dois, recém-casados, seguindo juntos para casa, carregando nossa nova vida dentro de algumas sacolas de papel.

Apesar de toda a minha experiência de vida, aquilo tudo era muito novo para mim e eu confesso que não parava de pensar em como tudo ia acontecer dali para frente. Na tradição judaica, a noiva precisa realizar um mergulho (na noite anterior ao casamento) na *mikvê* – um banho ritual que simboliza pureza espiritual. Esse preparo começa uma semana antes, logo após o término do ciclo menstrual. Para garantir que tudo ocorresse na data certa, usei pílulas para controlar meu ciclo e, dez dias antes do casamento, comecei a verificação para ter certeza de que estava livre de qualquer resquício de menstruação. Depois, segui a contagem dos sete dias limpos, o que fez com que o mergulho acontecesse justamente na véspera do casamento.

A *mikvê* é um ritual fundamental para a comunidade judaica, existindo até mesmo em tempos de guerra. É impossível conceber uma comunidade judaica sem uma *mikvê*, pois, para que um casal tenha relações, a mulher deve antes passar por esse ritual. A pureza aqui não se refere à limpeza física, mas à preparação espiritual. O mergulho representa um renascimento, semelhante a um bebê no ventre materno. É um momento de conexão com Deus, um instante de preces e introspecção. A mulher se examina completamente para garantir que nada impeça o contato total do corpo com as águas, que vêm diretamente da chuva, canalizadas para esse espaço sagrado. Minha mãe estava comigo nessa noite especial, o que tornou tudo ainda mais emocionante. Esse ritual faz parte das leis de pureza familiar e marca a noite mais fértil da mulher. Inclusive, para muitas que enfrentam dificuldades para engravidar, recomenda-se que elas verifiquem se estão cumprindo corretamente essa contagem, pois o primeiro encontro conjugal após a *mikvê* ocorre justamente no ápice da fertilidade.

Chegamos em casa e, como eu já não era mais virgem, pudemos ter a nossa primeira relação sem interrupções. Quando a noiva ainda é virgem e há sangramento, a tradição exige que o casal interrompa o ato. Assim, no dia seguinte começamos oficialmente nossa vida juntos. Eu estava de licença do trabalho por uma semana e meu marido estava estudando, e, para isso, ele recebia uma bolsa. Além disso, nós ingressamos em um projeto que preparava casais para sair de Israel e ensinar o judaísmo para aqueles que ainda não o conheciam, assim como havia acontecido conosco. Esse projeto nos proporcionava um sustento, e a ideia era que, após dois anos, estivéssemos prontos para essa missão.

Duas semanas depois do casamento, nós fomos a uma festa de amigos dele em Bnei Brak e me lembro que passei muito mal depois de comer um salame diferente, de carne bovina, se não me engano. Como os enjoos não passavam, foi então que descobri: eu estava grávida! Vamos recapitular porque foi isso mesmo que você leu: conheci meu ex-marido, tivemos quatro encontros em duas semanas, noivamos logo depois. Fui ao Brasil por um mês, voltei a Israel, procuramos apartamento, mobiliamos a casa, nos casamos e duas semanas depois, eu já estava grávida.

Minha primeira filha nasceu em Israel exatamente no dia em que completamos nove meses de casados.

✦✦✦

A gravidez foi um período de redescoberta para mim. Nunca fui daquelas mulheres que sonharam com a maternidade. Eu queria ser mãe e ter uma família grande, é verdade, mas nunca tinha romantizado muito ou idealizado esse dia a dia. Acho que a mudança brusca e o momento em que tudo aconteceu foi uma surpresa para mim. Eu estava me reinventando, me tornando uma nova versão de mim mesma e uma que eu estava gostando bastante. Não queria me desfazer dela tão cedo. Fui para Israel focada no desenvolvimento pessoal, querendo aprender mais sobre minhas raízes. Lá, aprendi a cozinhar, a limpar uma privada, a lavar roupa, a ser dona de casa. E, agora, além de tudo, eu precisava aprender a ser mãe.

Continuei trabalhando como correspondente até o final da gravidez e essa fase me revelou uma mulher que eu desconhecia. Os hormônios, o despertar do instinto maternal, tudo foi uma avalanche de descobertas. Quando a minha filha nasceu, foi um momento intenso. O sistema de saúde em Israel é bom, mas não é como aqui. Assim, saí do hospital com a minha filha de apenas dois dias, sem nenhuma orientação ou acompanhamento. Meus pais tinham viajado para o nascimento dela, mas, por causa de um atraso no parto, só puderam ficar comigo e com o bebê por uma semana. Minha mãe ajudou como pôde, mas a última vez que ela tinha cuidado de um recém-nascido já fazia décadas. Foi tudo muito estressante. Só depois fui entender que eu tinha passado pelo chamado "baby blues", mas, nessa época, ninguém falava sobre isso ainda. Essa é uma verdade que pouca gente fala: muitas mulheres romantizam a maternidade, imaginando aquele bebê perfeito das propagandas da Johnson's, mas a realidade é bem diferente.

Aquilo que parecia trivial era desafiador. Eu queria amamentar, mas não sabia como. Imagine: uma mulher que entrevistou Ayrton Senna, políticos do cenário nacional e internacional, celebridades... e eu não conseguia colocar meu próprio bebê no peito para mamar. Eu me senti completamente incapaz. O bico do meu seio ficou em carne viva e minha filha começou a perder peso. Eu entrei em pânico. Busquei um pediatra particular, um senhorzinho francês que não falava minha língua, mas que tinha boa reputação. Os médicos do convênio eram bons, mas, em Israel, eles seguem horários rígidos e, se o expediente acabou, não há exceções. Eu não sabia a quem recorrer.

Minha mãe me ajudou nos primeiros dias, lavando as roupinhas do bebê, esterilizando mamadeiras... Sim, precisei recorrer à mamadeira logo de cara. E isso foi uma frustração enorme para mim. Quando minha mãe foi embora, eu senti um vazio imenso e me doía pensar que ela não veria minha filha crescer. E mais: eu queria ter mais filhos, mas não queria passar por tudo aquilo novamente. Com tudo isso, meus avós, que não puderam ir a Israel conhecer a bisneta por conta da idade, decidiram nos presentear com passagens para o Brasil. Assim, ainda nos meus quatro primeiros meses de licença-maternidade, viajei com a minha filha para que eles pudessem conhecê-la. Saímos com uma mala, planejando ficar um mês.

Quando cheguei ao Brasil, fui direto para a casa dos meus pais. E, sem perder tempo, corri para o consultório do doutor Júlio Toporovski, meu pediatra de infância. Entrei com minha bebê de três meses nos braços e só consegui dizer:

— Socorro.

Ele me explicou tudo o que ninguém havia me dito em Israel. Falou sobre a puericultura, me tranquilizou e me deu orientações. Pela primeira vez, me senti acolhida. Estava falando minha língua e sendo compreendida. Foi logo que saí da clínica que me virei para meu ex-marido e disse:

— Eu não quero mais voltar para Israel. Quero ficar no Brasil.

Mas, claro, a decisão não era simples. Eu tinha um emprego lá, uma casa mobiliada, novas amigas próximas e toda uma estrutura e compromissos. Ainda assim, minha vontade de permanecer ao lado da minha família falou mais alto. Começamos a buscar alternativas e, depois de algumas tentativas frustradas, meu ex-marido conseguiu um emprego no Brasil. Foi assim que ficamos. E eu, que saí de Israel para passar um mês no Brasil, me vi recomeçando a vida do zero – de novo – com apenas as roupas daquela mala.

Reuven aceitou a decisão superbem. Ele era desapegado e curioso; além disso, para ele, viver no Brasil era uma experiência exótica e enriquecedora. E, como adorava aprender línguas, logo começou a estudar português com uma professora e a devorar dicionários. Ele encarava tudo como uma oportunidade de expandir os horizontes, o que tornou nossa transição bem tranquila. No entanto, com o passar do tempo, nossas diferenças começaram a aparecer – o que é normal em qualquer relacionamento de longo prazo. No nosso caso, eram diferenças culturais, de criação e de temperamento. Elementos que, para alguns, talvez pudessem ter se evidenciado se tivéssemos um namoro mais longo antes de nos casar. Mas acredito que casamento é sempre uma loteria! Você pode namorar com alguém por anos e só conhecer a pessoa de verdade quando a convivência diária impõe os desafios reais. Já vi isso acontecer com muita gente. Portanto, não me preocupei tanto no início. No nosso caso, o choque veio depois.

Ainda assim, eu tinha criado algumas expectativas. Quando decidi construir uma família, quis fazer de tudo para que desse certo. Sempre fui muito intensa em tudo o que faço e, de alguma maneira, queria que ele também fosse assim. Meus pais sempre foram um grande exemplo para mim, mesmo com qualquer diferença: meu pai era mais controlador e rígido; minha mãe, leve e alegre. E eu sonhava com uma relação mais próxima com o que via na casa dos rabinos nas noites de sexta-feira – um ambiente de paz, harmonia e respeito. Então, casei com essa imagem idealizada na cabeça. Sem compreender que as relações nem sempre são um mar de rosas, mudei minha vida inteira para construir essa família dos sonhos.

Com o tempo, comecei a perceber que a realidade era diferente e procurei uma amiga ortodoxa para desabafar. Nunca esqueço uma frase que ela me disse e que carrego comigo até hoje:

— Stella, o judaísmo é perfeito, mas os seres humanos não. Você verá pessoas ortodoxas cometendo erros como qualquer outra pessoa.

Essa frase me trouxe de volta à realidade e, aos poucos, saí daquele estado de euforia para enxergar a vida como ela era. O judaísmo, mais uma vez, me oferecia ferramentas para construir algo melhor, e essas ferramentas precisavam ser usadas com equilíbrio.

Ao mesmo tempo que a chegada da nossa filha nos trouxe uma imensa alegria, também mudou completamente a nossa dinâmica. Antes, éramos só nós dois, duas pessoas tentando ajustar suas vidas para caberem em um mesmo espaço e em um mesmo propósito. Mas, de repente, havia um terceiro ser completamente dependente, frágil, exigindo de nós uma atenção que nunca havíamos tido que dividir com mais ninguém. E foi nesse cenário que os desafios se tornaram ainda mais evidentes.

Além de tudo, eu estava exausta. A privação de sono, a insegurança de ser mãe de primeira viagem e o esmagador peso da responsabilidade me esgotavam. Minha mãe tentava me confortar, mas ela própria já não se lembrava muito bem de como era cuidar de um recém-nascido. E, no meio de tudo isso, comecei a sentir uma solidão imensa, mesmo estando cercada de tanta gente. Talvez até por isso tenha sido tão natural para mim querer ficar no Brasil. Era um instinto de sobrevivência, uma necessidade visceral de estar perto de um porto seguro, de algo familiar, que me fizesse sentir acolhida. Eu queria minha língua, minha cultura, minha gente. E Reuven aceitou. Talvez até com certo alívio, porque, no fundo, ele também tinha um espírito inquieto, curioso, sempre em busca de algo novo. Para ele, mudar de país não era um peso, mas uma aventura. E, por um tempo, eu me agarrei à esperança de que aquela mudança traria uma nova energia para o nosso casamento, que ali, no meu território, na minha zona de conforto, as coisas se encaixariam melhor. O que eu não sabia era que a geografia não altera a essência de ninguém. As nossas diferenças não ficaram para trás, presas nas ruas de Israel. Elas vieram conosco, se instalaram entre nós, crescendo a cada dia, ainda que eu insistisse em não querer vê-las por completo. Só que isso só ficou realmente claro para mim depois do nascimento do nosso terceiro filho.

Com cada filho que chegava, nossa rotina se tornava mais intensa, as responsabilidades se multiplicavam, e a convivência revelava mais e mais as nossas incompatibilidades. Ele trocou de emprego, eu voltei a trabalhar logo quando nossa primeira filha fez um ano. O tempo foi passando e, embora eu me esforçasse para ignorar aqueles pequenos sinais, eles estavam sempre ali, como pequenas rachaduras em uma parede que um dia parece sólida, mas que, aos poucos, começa a revelar suas fragilidades. Eu me via constantemente justificando certas atitudes dele com as quais não concordava, tentando manter nosso casamento e relação. Afinal, ninguém é perfeito, não é? Todo casal tem seus desafios, suas diferenças, e o casamento exige paciência, adaptação, concessões. Eu repetia isso para mim mesma como um mantra, como se a repetição pudesse transformar em verdade absoluta algo que, na prática, não encaixava tão bem.

Mas vamos pela ordem dos fatos. Temos quatro filhos. A minha primeira nasceu no ano 2000; a segunda, em 2002; já meu primeiro filho homem nasceu no ano de 2004 e o segundo nasceu cinco anos depois, em 2009. O que aconteceu depois dos três primeiros é que decidi dar um tempo porque sentia que precisava me reorganizar. E foi antes do meu terceiro filho que decidi empreender com Reuven. Nessa época, eu estava trabalhando para outra pessoa, mas não deixava de pensar que sempre tive um espírito empreendedor e que não aproveitava as minhas ideias.

Então, colocamos a primeira delas em prática: entrei em contato com uma organização educacional judaica, chamada Aish HaTorah, que possui 40 filiais pelo mundo e expliquei que nós tínhamos interesse em abrir uma filial da empresa no Brasil. Eles investigaram um pouco sobre nós e nos convidaram para ir até Israel, para nos conhecer melhor. Eu estava com as minhas duas filhas pequenas, mas aceitamos o desafio. Fomos para Israel, passamos por um treinamento e, curiosamente, foi lá que engravidei do meu terceiro filho. Lembro exatamente da noite em que aconteceu porque eu havia ido ao *mikvê*. Então, pelas minhas contas, foi naquele momento que concebemos nosso filho.

Voltamos para o Brasil com uma carta de autorização para abrir a filial brasileira da Aish HaTorah. Eu já estava grávida, com a barriga crescendo, e, então, começamos a procurar investidores e pessoas que acreditassem no potencial da iniciativa. Nossa proposta era abrir um espaço que funcionasse como uma espécie de "Casa do Saber",* oferecendo eventos sociais com conteúdo educativo para jovens, jovens casais e adultos da comunidade judaica. Nós conseguimos investidores que acreditavam no projeto, afinal, a organização já tinha um nome de peso e obter essa autorização foi algo bastante significativo para nós. Então, encontramos um local e abrimos uma pequena sede. Assim começou nossa jornada.

Meu terceiro filho nasceu e, ao mesmo tempo, a filial da organização começou a crescer exponencialmente. Nosso trabalho era intenso: eu dava palestras e cursos para o público feminino, ele para o masculino e, juntos, atendíamos o público misto. Toda sexta-feira à noite organizávamos jantares em nossa casa para 60, 70 e até mesmo para 100 pessoas. Nossa casa se tornou um ponto de referência, conhecida por ser um espaço acolhedor para os jovens da comunidade. A porta estava sempre aberta e a mesa sempre farta. Muitos criaram laços de amizade ali e alguns até encontraram seus futuros cônjuges. Além dos encontros semanais, nós realizávamos grandes eventos e festas, reunindo de 400 a 600 pessoas algumas vezes ao ano. Essa organização passou a ser a minha vida e a minha alma! E tudo aquilo que sentia falta no meu relacionamento eu compensava na satisfação que sentia ao reunir pessoas, ao compartilhar conhecimento e ao ver a comunidade crescer. No entanto, apesar de tudo isso, havia algo que não conseguia entender. Eu me perguntava: "Se estou fazendo algo que amo e se tenho a minha família, por

---

* Nota da autora: A Casa do Saber é uma instituição, em São Paulo, fundada por um grupo de intelectuais e empresários que compartilhavam o desejo de criar um espaço de aprendizado contínuo e reflexão crítica. Os cursos oferecidos pela instituição começaram como encontros presenciais e, atualmente, o projeto está voltado para os o formato de *streaming*.

que não estou plenamente feliz?". Eu sentia um vazio que não conseguia nomear e uma inquietação que me acompanhava mesmo nos momentos de maior realização.

No fundo, eu sabia que se admitisse para mim mesma que a questão era o meu casamento, isso mexeria com muitas coisas na minha vida. Por quê? Porque eu era uma referência na comunidade judaica. A organização que construímos, a filial que abrimos, era um ponto de apoio para muitas pessoas. Colocar meu casamento em xeque poderia abalar um projeto que, para mim, era como um filho – algo que me trazia uma realização imensa! Por conta disso, adiei por muito tempo o olhar atento para dentro de casa. Mesmo infeliz, tentei preencher esse vazio com outras possibilidades. Quis, inclusive, ter mais um filho e desejei esse quarto filho profundamente. Então, aos 38 anos, engravidei, mesmo ciente de que, naquela idade, a energia e a paciência já não seriam as mesmas, ainda assim, me joguei nessa escolha.

A ONG ia bem. Nós contávamos com o apoio de pessoas importantes e tudo parecia funcionar, mas quando eu ficava sozinha e me ouvia com sinceridade, sabia que não estava feliz. Além disso, o clima em casa só parecia piorar. Minha filha mais velha sempre teve uma personalidade forte. E, conforme crescia, ela e o pai passaram a se enfrentar com cada vez mais frequência. As brigas se tornaram tão constantes que começaram a me incomodar de uma maneira profunda, mas mesmo assim eu não me posicionava. O que começou a mudar foi quando minha filha começou a contar para os meus pais sobre as questões que tínhamos em casa. Então, um dia, minha mãe me chamou para conversar:

— Você está bem? Você está feliz?

Ela perguntava também porque, nas refeições em família, eu fazia questão de fingir que tudo estava bem. Me esforçava ao máximo para manter a aparência de um casamento sólido, para não preocupar ninguém – nem minha família, nem as pessoas da comunidade. Eu e meu marido representávamos algo maior do que nós mesmos, e eu me agarrava a essa ideia. Como poderia questionar meu relacionamento? Mas, com o tempo, fui percebendo que estava presa em um beco sem saída. Minha filha mais velha me obrigava a encarar a verdade. Meus outros três filhos também. Eles presenciavam discussões que eu jamais quis que eles testemunhassem. Nós simplesmente não soubemos como corrigir nossos comportamentos. Afinal, embora hoje isso tenha melhorado muito, naquela época ainda tínhamos muitas diferenças culturais que não sabíamos administrar.

E assim, aos poucos, tudo foi se desgastando. Um dia, percebi que não conseguia mais dizer "eu te amo" e o contato físico, antes natural, passou a me afastar. Como poderia ser diferente, depois de perceber que aquela relação não fazia mais sentido para mim? Foi então que minha filha mais velha começou a fazer terapia. Embora isso abrisse um canal de comunicação que poderia me ajudar, eu tinha vergonha de compartilhar minhas preocupações com a terapeuta dela, até porque ela também fazia parte da comunidade judaica. No entanto, a vida sempre dá um jeito de se encarregar de fazer as mudanças que precisamos viver e, na última sessão, quando minha filha decidiu que não queria mais continuar a terapia, acabei ficando sozinha com a profissional. Foi ali que, pela primeira vez, consegui verbalizar parte do que vivia. Ela me ouviu com atenção e, sem surpresa, apenas disse:

— Eu já imaginava, pelo que observei.

E então, perguntou:

— Você quer fazer terapia? Tenho alguém para te indicar. Uma pessoa totalmente fora do nosso circuito.

E foi assim que a terapia começou a me salvar. Lembro de um domingo específico quando comecei finalmente a entender que tudo precisava mudar. Meus filhos estavam na sala, brincando - os quatro - e eu estava na cozinha, lavando a louça, quando, de repente, comecei a ouvir gritos. Era minha filha discutindo com o pai. E eu? Eu simplesmente não consegui reagir. Fiquei ali, paralisada, com as mãos na água, esfregando um prato que já estava limpo há tempos. Ao mesmo tempo que congelei, também foi um choque. Eu deveria fazer algo, mas não sabia como, nem o quê. Era como se estivesse anestesiada.

Depois, minha filha se trancou no banheiro, chorando. Quando ela saiu, peguei-a pela mão e a levei para a casa da minha mãe. Quando voltei para casa, encontrei meu ex-marido na sala com os outros três filhos. Olhei para a cena e pensei: "Isso é loucura. O que está acontecendo aqui?". E foi um divisor de águas. Minha terapeuta disse:

— Você precisa intervir. Não pode simplesmente deixar as coisas acontecerem. Isso não faz bem para sua filha, para os outros filhos e nem para ele. Se você não apontar que há um problema, tudo continuará como está.

Então, certa noite, anos antes de minha filha e meu ex-marido chegarem à boa relação que compartilham hoje, ao chegar em casa tarde e os demais já estarem dormindo, ela fez um pequeno barulho ao entrar no quarto, e o pai foi atrás, nervoso, dizendo que ela acordaria os irmãos. Logo a discussão começou, e eu senti que, dessa vez, não podia ficar parada. Pela primeira vez, me coloquei entre eles e disse:

— Eu não quero mais isso acontecendo! Chega!

Ele me olhou, surpreso. Aliás, não só ele. Durante anos, eu tive medo. Medo de suas reações, e foi esse medo que foi me minando e me corroendo. Mas, naquele instante, descobri que a coragem não é ausência de medo. É agir apesar dele.

Depois desse dia, nossa relação se partiu de vez. Meu ex-marido ficou meses sem falar comigo e, dentro de casa, o silêncio reinava estranho e pesado. No início, não trocávamos nem o trivial. Com o tempo, falávamos o necessário. E assim fomos aprendendo a viver separados, ainda que sob o mesmo teto. Nós já tínhamos sido um lindo casal. Mas levaria tempo - muito tempo - até que eu encontrasse força para construir um caminho só meu.

Reflexão de coragem:

Minhas reflexões sobre coragem se aprofundaram à medida que fui revisitando cada momento dessa fase da minha vida. Eu sentia medo. Medo do que poderia acontecer, medo do desconhecido. Eu caminhava no escuro, sem garantias, sem certezas, mas seguia mesmo assim. Sempre fui movida pela busca da minha felicidade, e era isso que me impulsionava, apesar do medo. Quando decidi voltar para o Brasil, por exemplo, precisei reunir toda a coragem que tinha. Eu estava reconstruindo minha vida do zero, com tudo novo, tudo recém-começado. Em Israel, já tinha iniciado uma nova trajetória, e, ao decidir recomeçar outra vez, precisei me desapegar de novo – das coisas materiais, do conforto, da segurança do que já estava estabelecido. Já tinha feito isso antes, ao sair do apartamento dos meus pais, buscando paz, plenitude, buscando ser eu mesma. Dessa vez, não era diferente. Minha vontade de viver e ser feliz sempre foi maior do que o medo, e era isso que me dava forças para continuar.

Outro grande ato de coragem foi buscar ajuda profissional. Eu sabia que, a partir do momento em que procurasse terapia, tudo teria que mudar. E isso era assustador. Não dava mais para fingir que as coisas estavam bem, não dava mais para aceitar o inaceitável. Na época, sugeri que meu ex-marido também fizesse terapia e ele até tentou por um tempo, mas logo desistiu. Eu, não.

Empreender foi também um ato imenso de coragem, especialmente já sabendo que eu não estava feliz em meu relacionamento. Porque, apesar do que acontecia em casa, eu ainda tinha muita vontade de viver e realizar meus sonhos. Era um mercado competitivo, especialmente no meio judaico, com tantas sinagogas e organizações já consolidadas. Mas eu queria algo diferente. Lembro perfeitamente do dia em que liguei para o meu pai e disse:

— Pai, preciso ir para Israel fazer um treinamento. Vamos abrir a filial da Torá no Brasil.

Do outro lado da linha, silêncio. Então, ele respondeu:

— Você está louca? Vai comprar briga com um monte de gente. Não faça isso.

Ele me alertou sobre a resistência que eu enfrentaria. Já havia tantas sinagogas, tantas iniciativas voltadas para a comunidade... Por que abrir mais uma? Mas eu não queria ser apenas mais uma.

Eu queria trazer um olhar novo, algo diferente, algo que fizesse sentido para mim e para quem eu pretendia alcançar. Seguir adiante, mesmo sem a aprovação do meu pai, foi um dos atos de coragem mais difíceis que já tomei. Quantas vezes deixamos de seguir nossos sonhos porque aqueles que amamos não acreditam neles? Claro que a opinião dele era importante para mim. Mas, naquele momento, eu precisei ouvir meu coração e minha intuição. Eu sabia do que era capaz. Confiava em mim. E segui. Mais tarde, quando ele viu o que eu havia construído, sentiu orgulho. Isso me mostrou que, às vezes, precisamos ter coragem de enfrentar o desencorajamento, mesmo quando vem de quem mais amamos.

E, claro, houve a coragem de intervir na dinâmica familiar que já estava insustentável. De me impor. De dizer "chega". Foi só em 2014 que eu colhi os frutos dessa coragem. Foi o ano em que mais cresci. O ano em que conquistei o que tanto sonhei. O ano em que, finalmente, senti que era dona da minha própria história. E que você começará a ler a seguir.

5

CAPÍTULO 5: Independência e um novo amor

Depois da decisão de separar, a primeira coisa que fiz foi conversar com um amigo advogado, para entender quais eram os passos. Minha filha mais velha, na época, tinha voltado a fazer terapia e eu aproveitei para conversar com a psicóloga, e expliquei a situação para ela. Perguntei se eu poderia usar uma sessão para, com ela presente, comunicar minha decisão e ela concordou. Mas foi muito difícil, era uma mistura de sentimentos, ainda que tivesse certeza do que queria. Eu sabia que ninguém estava feliz: nem eu, nem meu marido, nem nossos filhos. Nosso casamento não era saudável e não havia mais amor entre nós dois. E o que eu aprendi sobre a separação é que ela só acontece porque um dos dois tem a coragem de dizer "chega". Porque a verdade é que quando não está bom para um, não pode estar bom para os dois.

Eu poderia ter vivido infeliz pelo resto da vida, em nome da sociedade e em nome das aparências, mas visualizei meu futuro. Passei um ano pensando, formulando e tentando entender tudo. Ninguém se separa da noite para o dia. Da mesma forma que ninguém casa pensando em se separar. Quando você se casa, você investe tudo: futuro, presente e sonhos. Portanto, se separar também é um luto, misturado com um sentimento de fracasso. "Como assim algo em que investi tanto simplesmente não deu certo?" Meu processo foi ainda mais longo porque eu vivia em uma comunidade pequena e fechada. Eu tinha um papel relevante e um nome a zelar. Mas, no fundo, olhava para os meus avós e só pensava que queria envelhecer feliz. Meus filhos cresceriam, casariam, sairiam de casa. E eu? Ficaria sozinha ao lado de alguém com quem já não me sentia bem?

Lembro que algum tempo depois que me separei, já morando em outro apartamento, uma amiga me ligou para perguntar como eu estava e disse que admirava minha coragem para me separar com quatro filhos. Nunca esqueci o que respondi para ela aquele dia:

— Coragem? Coragem eu teria que ter para ficar naquele casamento.

Essa resposta foi libertadora. Era a minha vida, minha velhice, meu futuro. Se eu fosse viver baseada no julgamento dos outros, nunca teria paz. Porque, no fim do dia, quando você deita a cabeça no travesseiro, só você sabe como se sente. Nenhuma opinião externa muda a realidade dentro da sua casa e do seu coração. Sempre que um casal se separa, muita gente fica curiosa para entender os motivos por trás dessa decisão. Muita gente quer uma razão concreta para uma separação e fazem todo o tipo de especulação. "O que aconteceu? Houve traição? Alguma agressão? Quem foi o culpado?". Mas nem sempre existe uma vítima e um algoz. Às vezes, simplesmente não funcionava mais. E eu tentei, tentei muito. Não foi algo feito no impulso. Eu tinha quatro filhos, é verdade, mas sabia que ficar daquele jeito era insustentável.

Depois da sessão com a psicóloga, percebi que não conseguiríamos conversar sobre isso em casa. Era doloroso para mim e para ele. Então, busquei uma mediadora. E encontrei uma assistente social, também coach, que já tinha passado por uma experiência parecida dentro da comunidade ortodoxa. Fizemos várias sessões: uma só comigo, outra só com ele e outras juntos. Mas não era terapia de casal. Eu já tinha decidido. A questão era fazê-lo aceitar. Porque, no fundo, ele também não estava feliz e tinha as próprias queixas em relação a nós dois. Ao final das sessões, a mediadora propôs:

— Vamos definir uma data para a separação?

E escolhemos um dia, mas ele não saiu de casa e também não tocou mais no assunto. O que eu poderia fazer então? Sabia que ele não me faria mal, que não tentaria me prejudicar na justiça, mas também sabia que não podia sair de casa levando as crianças. Então, fui me separando aos poucos. Minha mãe tinha um quarto de empregada que havia reformado para quando meus avós viessem a São Paulo. Era um espaço pequeno, mas acolhedor. Comecei a dormir algumas noites lá durante a semana. Na sexta-feira, voltava para casa para o jantar de *Shabat*, sentava à mesa com a família e passava o final de semana com eles. No domingo, retornava para a casa da minha mãe. Às segundas, quando meus filhos estavam na escola, dormia mais uma noite. Assim, fui aumentando a frequência até que comecei a levar meus filhos para dormirem lá também.

Foi uma separação gradual. Mesmo assim, saí de casa com a roupa do corpo: três peças de roupa, dois sapatos e duas bolsas para o trabalho. Deixei tudo para trás – de novo. Aos poucos, fui realmente me estabelecendo na casa da minha mãe. Minhas filhas dormiam em um quarto, e meus filhos, comigo, no quarto menor que antes era dos meus avós. Eu havia tomado a decisão, e não havia mais volta. No meio desse processo, ele chegou a me ligar para perguntar se eu tinha certeza e respondi que sim, que era isso que eu queria. Depois disso, quase não nos falamos mais. A comunicação entre nós nunca tinha sido das melhores e ele também não sabia como lidar com a situação, nem com o que a sociedade diria. Eu, por estar sempre exposta nas redes sociais, fui a mais julgada. Aos olhos dos outros, a vilã da história era eu. Mas minha convicção era maior do que qualquer julgamento. As pessoas já percebiam que algo estava diferente. Fazia tempo que eu não postava mais fotos com ele e que já não usava aliança. Mesmo antes de verbalizar minha decisão, já havia quem perguntasse se eu havia me separado. As pessoas são bisbilhoteiras e curiosas, e adoram uma boa fofoca. E eu sabia que seria julgada, mas pensava em mim, nos meus filhos e na certeza de que o tempo mostraria a verdade. Não me preocupava em mudar a opinião alheia. Não havia como explicar em cinco minutos tudo o que eu tinha vivido nos últimos anos. E, no fim, tudo bem se eu fosse a vilã da história para os outros por algum tempo. Na minha cabeça, minha consciência estava tranquila e isso era o mais importante.

Durante esse período, já separada, conheci alguém pela internet. Conversamos, trocamos mensagens e até nos encontramos para um café. Mas, depois de um tempo, percebi que eu não estava preparada para conhecer alguém do zero. Eu conhecia tantas pessoas da comunidade, por que sair com alguém completamente novo? Mais do que isso, meu foco era outro, era me restabelecer. Por estar tão presente nas redes sociais, eu recebia muitas mensagens e cantadas. Algumas, eu até mostrava para minha mãe, que se divertia com a situação. Mas eu não tinha cabeça para aquilo. Com quatro filhos, vivendo na casa dos meus pais, minha prioridade não era encontrar alguém.

Meu passo seguinte era encontrar um lugar para morar. Mas não era uma tarefa fácil, já que eu tinha saído de casa sem absolutamente nada: sem toalha, sem lençol, sem utensílios, sem móveis. Deixei tudo para trás e não queria pedir ajuda. Como Deus é muito bom, alguém me ligou perguntando se eu estava procurando um lugar. Respondi que sim, mas que não teria como mobiliar uma casa. E então veio a surpresa: uma família religiosa havia se mudado para Israel e estava alugando a casa completamente mobiliada, com tudo – toalhas, lençóis, pratos, panelas e até o jogo de *Shabat*! E mais: ficava na mesma quadra dos meus pais e ao lado do meu escritório. Era um daqueles momentos em que o universo conspira a nosso favor e percebemos o quanto Deus é bom.

Não perdi tempo e logo fizemos um contrato entre nós, sem burocracia. Peguei meus quatro filhos e nos mudamos para lá em julho de 2015. A casa era cheia de luz, ensolarada e colorida. Lembro que, quando entrei, pensei: “Nada aqui é meu. Mas nada é nosso, de qualquer jeito. Um dia tudo isso será de outra pessoa, e está tudo bem". Como você já deve ter percebido, sempre fui desapegada, e essa mudança veio como uma confirmação de que eu estava começando a reencontrar o caminho certo.

Foi ali, naquela casa, que finalmente sentei para conversar com os meus filhos com mais calma sobre tudo o que tinha acontecido. Só então consegui perceber o quanto falhei. Eu achava que eles tinham entendido tudo, mas não. E olhando para trás, vejo que faltou comunicação da minha parte, e que deveria ter explicado melhor, guiado mais. Mas eu tinha medo de interferir na relação deles com o pai e sempre tive esse cuidado. Era uma questão minha, não deles, mas que acabava impactando a vida de cada um. Hoje, minha relação com meu ex-marido é excelente e ele frequenta nossa casa sem qualquer problema. Afinal, nosso casamento pode até não ter dado certo, mas ele é o pai dos meus filhos e sempre foi uma pessoa de muito caráter.

Naquele lar, comecei a me reconstruir e lembro perfeitamente do primeiro *Shabat* que passei naquele apartamento. Saí para comprar flores e tenho essa foto até hoje: um vaso com flores, a mesa pronta e as velas acesas. Naquela sexta-feira, senti uma leveza que há muito tempo não sentia. Eu estava feliz.

✦✦✦

Nessa época em que me mudei, ainda não tinha condições de dar conta, financeiramente, de tudo o que eu precisava –

para mim e para os meus filhos. Meu avô, que sempre foi um anjo na minha vida, conversou comigo e, como ele sempre dizia: o mais importante era que eu fosse feliz. E ele repetia isso incansavelmente. Assim, com sua generosidade de sempre, prontificou-se a ajudar a pagar o aluguel. Aquela fase foi extremamente difícil financeiramente. Eu tinha muitas responsabilidades sobre os meus ombros e precisei entender que era necessário saber aceitar ajuda. O que era complexo para mim, que sempre fui tão independente. Havia semanas em que eu ia ao mercado e precisava colocar algumas compras na conta dos meus pais, mas fazia de tudo para que nada faltasse aos meus filhos. Eu nunca parei. E mesmo quando caí, continuei, continuei e continuei.

Uma das situações mais desafiadoras dessa fase foi lidar com minha filha mais velha. Ela trouxe consigo os hábitos que tinha adquirido na dinâmica familiar anterior e, muitas vezes, seu comportamento e fala eram mais rebeldes e agressivos. Sem perceber, ela tentou replicar esse padrão na nova casa, mas fui firme e disse a mim mesma que não tinha me separado para continuar a viver determinadas situações dentro da nossa dinâmica familiar. Por isso, comecei a conversar com ela e fui clara:

— Nesta casa, existem regras. Aqui, as coisas vão acontecer de outro jeito e se você quiser ficar, precisará respeitar isso.

Na época, ela tinha 15 anos. Lembro que ela me olhou e disse:

— Então vou morar com meu pai.

Ao que eu respondi sem hesitar:

— Não tem problema, pode morar com ele.

E assim foi. Ela foi viver com o pai, e os dois encontraram uma forma de se entender. A verdade é que nosso relacionamento sempre foi desafiador. Eu carregava muita culpa, e, de alguma forma, sentia que ela também me responsabilizava por muitas coisas que viveu. Mas, com o tempo, fui aprendendo a impor limites na nossa relação. Isso nos afastou um pouco, e, apesar de ser muito doloroso, eu sabia que era necessário. Mais do que tudo, eu precisava deixar que ela aprendesse algumas coisas sobre a vida por conta própria. As portas continuariam abertas, é claro, tanto a de casa como a dos diálogos. Aliás, desde o dia em que fui morar naquele apartamento, o diálogo com meus filhos passou a ser aberto. Eu me lembro que, logo após a separação e a mudança, tive um momento muito sensível com meu terceiro filho, o primeiro menino, que é mais fechado. Um dia, ficamos a sós no quarto e eu disse a ele:

— Eu me separei e sei que você está triste. Você precisa chorar e pode fazer isso. Chore, porque é triste mesmo. — E ele chorou, muito, nos meus braços.

Muitos casais permanecem em relacionamentos infelizes, sem respeito, sem troca, acreditando que estão fazendo isso “pelos filhos”. Mas não estão. Diversas vezes, essa convivência forçada se torna tóxica e agressiva, ainda que silenciosa. E o sofrimento de uma separação, por mais doloroso que seja, não é maior do que o de crescer em um lar infeliz. E eu não fazia todo aquele movimento apenas pelos meus filhos. Sei que muitas mulheres falam isso, que tomaram decisões duras “por conta dos filhos”, mas nunca é somente por eles. Eu sabia que precisava estar bem por eles, mas também por mim. Nunca me senti egoísta por isso.

Com o tempo, aprendi que não existe nada mais importante para os filhos do que uma mãe feliz. Nada.

E como estava minha vida profissional nessa época? Alguns anos antes da minha separação – em 2011, se não me engano –, minha carreira tinha começado a desenhar novos caminhos. Um dia, uma palestrante de fora do Brasil veio participar de uma conferência para a ONG e fui almoçar com ela. Durante nossa conversa, comentei com ela que eu atendia muitas pessoas e que tinha vontade de me especializar nisso para poder falar com mais propriedade sobre algo que, para mim, acontecia naturalmente. Eu já tinha passado dos 40 anos e sentia essa vontade gigante de aprender algo novo. Até então, eu não tinha ferramentas formais. Falava a partir da minha intuição, do meu jeito, usando a minha experiência de vida. Desde 2004, eu trabalhava com pessoas, mas era tudo muito empírico.

Foi no meio do almoço que ela olhou para mim e disse:

— Você já ouviu falar em coaching? Você nasceu para isso!

Eu balancei a cabeça:

— Coaching? Não faço ideia, o que é isso?

Ela me explicou e saí daquele almoço intrigada. Assim que pude, fui pesquisar. De repente, tudo ficou claro para mim. Eu realmente tinha nascido para isso! Eu me reconheci imediatamente e lembro de pensar: "Meu Deus, eu sou isso!". Então, me matriculei em um curso de formação em coaching – ainda em um momento em que o coaching era levado a sério, quando era novidade e pouca gente sabia do que se tratava. Com o tempo, muita coisa foi banalizada, mas, naquela época, ainda existia um respeito enorme pela profissão. Assim, enquanto seguia tocando a ONG com o meu então marido, decidi abrir meu próprio escritório de desenvolvimento humano. Aluguei uma salinha, comprei uma mesa, uma cadeira, um sofá e comecei.

Três anos depois, vivendo esse período duplo entre os negócios e minha nova carreira, me senti forte para tomar a difícil decisão de me separar. Não só emocionalmente, mas porque eu tinha, pelo menos, algum caminho para alcançar minha independência financeira. O divórcio foi dolorido também não só pelo casamento e pela família, mas também pelo que nós representávamos juntos, pela sociedade que construímos. Foram dez anos de trabalho. Dez anos de conquistas. Mas era a hora de mudar.

Assim, 2014 foi o ano em que tudo mudou. Passei a dedicar muito mais energia ao meu escritório, à minha nova carreira e era a hora de trilhar meu próprio caminho. Foi só quando eu consegui encontrar toda essa força dentro de mim que entendi quanta coragem cabia em uma mulher – em mim. No meu escritório de desenvolvimento humano, eu já estava mais focada no público feminino e também em adolescentes, auxiliando na escolha de carreira. Ali, muitas mulheres me observavam e eu também as observava reciprocamente. Se por um lado eu era julgada por muitas, por outro, eu também inspirava. Eu via nos olhos de algumas delas uma admiração discreta e isso reforçava para mim que eu estava no caminho certo.

Nessa fase, eu já tinha feito outras formações, como uma especialização em análise de perfil comportamental, em DISC e motivadores – isso apenas dois anos depois do coaching. Além disso, participei de vários cursos, mas não era só o meu conhecimento técnico que contava. Era também a minha história e a maneira como eu enxergava a vida. Sempre me expressei muito nas redes sociais, compartilhando meus valores, minha visão de mundo, o que considero felicidade e o que entendo como coragem. E, de alguma forma, as pessoas que se identificavam com essa maneira de ver a vida acabavam me procurando. Foi dessa forma que atendi muitas mulheres. Mulheres com quem mantenho contato até hoje, e é emocionante ver como algumas deram a volta por cima na carreira e na vida pessoal. É lindo acompanhar como elas estão hoje, ainda mais bem-sucedidas em suas áreas. Isso me enche de orgulho!

Com o tempo e as cicatrizes se fechando, comecei a falar também sobre meu divórcio nas redes sociais. Mas sempre deixei claro que, de forma alguma, queria que alguém interpretasse aquilo como uma apologia ao divórcio. Não era um conselho. Afinal, terminar um casamento é algo extremamente difícil e exige uma responsabilidade imensa. Eu não saí de casa por causa de uma briga ou uma discussão qualquer. Tinha feito uma análise profunda dos meus incômodos e mergulhado em autoconhecimento antes de tomar essa decisão. Carregava comigo o peso da responsabilidade pelos meus filhos, pelos meus pais, pela minha própria história e pela história da minha família. Eu precisava honrar tudo isso.

Por isso, minha intenção nunca foi incentivar a separação. Pelo contrário, ajudei muitas mulheres a reconstruírem seus casamentos, a fazerem florescer relações que ainda tinham salvação. Com o tempo, também aprendi a enxergar com mais clareza os pontos que pesavam em um relacionamento. Algumas dessas coisas, infelizmente, eu mesma não consegui aplicar a tempo na minha própria vida. Mas sei que, para algumas mulheres, funcionou. Por outro lado, também encontrei muitas que estavam profundamente infelizes, presas a casamentos que já não faziam sentido. Algumas achavam que não poderiam sair porque dependiam financeiramente dos maridos. Outras, porque estavam presas emocionalmente, porque a dependência era construída no dia a dia, sutilmente, até virar uma prisão invisível.

Lembro de atender muitas mulheres cujos maridos financiavam o processo de desenvolvimento, mas que, no fundo, não queriam que elas evoluíssem. No início, elas me procuravam dizendo que queriam voltar ao mercado de trabalho. Mas, quando começavam a dar os primeiros passos, quando finalmente começavam a empreender ou a se reposicionar profissionalmente, os maridos recuavam no auxílio. Eles pagavam terapia, pagavam academia e o que fosse, mas não queriam que elas tivessem sucesso. Muitas vezes, precisei dedicar sessões inteiras apenas para ajudá-las a encontrar um jeito de conversar com seus maridos sobre isso. Porque, no fim das contas, o medo do crescimento delas era maior do que qualquer outra coisa.

✦✦✦

Passado um tempo depois da minha separação, finalmente comecei a sentir que estava aberta para voltar a conhecer outras pessoas. Eu tinha certeza de que não queria casar de novo, mas também não queria ficar sozinha. Então, aos poucos comecei a abrir os olhos e prestar atenção em possíveis paqueras ou caras que pudessem me interessar. Lembro, inclusive, que uma das primeiras pessoas com quem imaginei a possibilidade de tentar algo foi com um amigo meu, que também tinha se separado mais ou menos na mesma época que eu. Eu sentia que ele tinha interesse em mim e era alguém que eu conhecia havia anos, que gostava dos meus filhos, e eles se davam bem com ele. No entanto, a vida tinha outros planos para mim.

Conheci o Frank – meu atual marido – quando a empresa dele me contratou para fazer reuniões semanais de orientação. Aos poucos, eu me aproximei não só do Frank, mas do círculo de pessoas ao seu redor. Como já prestava consultoria para pequenas empresas familiares, passei a ir toda segunda-feira à empresa do Frank para conduzir reuniões com os diretores. Eu era a única mulher ali, mediando, ajudando no planejamento e até entrevistando candidatos antes da contratação, um trabalho que fazia em várias empresas como analista de perfil. Nada demais. Até que veio o dia 31 de agosto.

Um amigo nosso que estava para fazer aniversário resolveu organizar a comemoração em um karaokê. Lembro bem porque foi minha primeira saída oficial depois do divórcio. Então, decidi que me divertiria! Bebi, subi no palco, cantei com todo mundo. E, como a vida é feita de pequenos instantes que mudam tudo, encontrei lá a irmã do meu primeiro namorado de escola. Eu era apaixonada por ele na adolescência e sabia que ele nunca tinha se casado. Completamente bêbada, pedi a ela que o chamasse para o karaokê. Ela ligou, mas ele não atendeu. Tentei insistir, mas nada. Então desisti. Uma amiga decidiu que já era hora de ir para casa e me convenceu a fazer o mesmo. Quando fomos pagar a conta, Frank também estava indo e perguntou se estávamos bem e se precisávamos de algo. Minha amiga garantiu que cuidaria de mim e me acompanhou até a garagem do meu prédio. Quando saí do carro, vi Frank parado ali. Ele tinha vindo atrás, preocupado. Disse que queria se certificar de que eu chegaria bem. Eu estava alta... ele também... E foi nesse momento que algo estranho aconteceu. Parecia que ele estava falando comigo de uma forma diferente. Mas será que eu estava entendendo certo? No dia seguinte, acordei com aquela sensação confusa. Tinha certeza de que havia rolado algum clima entre nós, mas, ao mesmo tempo, eu me perguntava se eu não estava imaginando coisas por conta do álcool da noite anterior.

Na segunda-feira, recebi uma mensagem dele dizendo:

— Vamos continuar a conversa de ontem por aqui?

Lembro até hoje da noite em que saímos juntos pela primeira vez. Fomos ao Piratininga Bar, lá nos Jardins, que já fechou. Um lugar para pessoas mais velhas, com música ao vivo e um jazz meio melancólico. A noite estava tranquila, quase deserta, porque era uma quarta-feira qualquer. Fomos até o andar de cima, e o garçom, já bem idoso, nos acompanhou até a última mesa do salão, a mais afastada. E eu ri por dentro, porque parecia uma cena de filme. Aquela mesa reservada, como se fosse um lugar para o romance da vida. Eu sorria sem parar, ainda que um pouco em pânico e não sabia se estava sonhando ou vivendo uma coisa de verdade.

Eu pedi um drink para suavizar a vergonha que começava a tomar conta de mim. E o Frank, com muita serenidade, começou a falar sobre o quanto me admirava e sobre o que eu tinha representado para ele. Não era uma conversa qualquer, era repleta da abertura e sinceridade que eu sempre esperei e que, ali, nem sabia como lidar. Porque, no fundo, naquele momento, eu não estava buscando nada mais sério. Não estava pensando em namoro, nem em compromisso. Eu tinha meus filhos para cuidar e minha vida estava finalmente começando a se estabilizar. Aliás, muito tempo antes disso, eu tinha verbalizado para os meus pais o quanto não queria me casar de novo – e tinha dito isso com toda a certeza que eu tinha no peito. Meu pai, claro, ficou preocupado, porque, para ele, a vida era feita de casamento e estabilidade. Então, não podia ser diferente comigo. Mas a verdade era que, mesmo com aquele sentimento leve e bonito no ar, eu não queria me entregar de novo a algo que fosse além do que eu já vivia.

No entanto, mesmo com toda a emoção do momento, o Frank me disse que também não pensava em casamento e, de alguma forma, eu não precisei de mais explicações. Eu estava muito bem no meu próprio espaço e no meu próprio ritmo. Dormindo sozinha, com meu banheiro arrumado e meus horários controlados. Não queria perder essa liberdade, esse prazer de estar comigo mesma. E o Frank entendeu. Não só entendeu como me respeitou. Assim, sempre que saíamos, ele vinha me buscar em casa, eu estava sempre arrumada, e, ao mesmo tempo, nada estava sobrecarregado. Era como um luxo, um prazer simples de poder vivenciar sem amarras.

O que eu não sabia é que, mesmo com todas as minhas certezas, a vida me empurraria para algo que não imaginava – de novo. E comecei a perceber que, por mais que tentasse controlar, a vida estava me levando para caminhos que eu ainda não conseguia entender. Eu não queria estar sozinha ou com outra pessoa. Eu queria estar com o Frank e só com ele.

O que me deu certeza sobre o Frank foi justamente o que nunca tinha tido antes: leveza. Ele era o oposto exato de tudo que eu vivera até então – e acho que esse pedaço da história ficou pairando no ar, sem ser dito direito.

Eu havia me separado de um homem ortodoxo e, de repente, me vi me relacionando com alguém que era zero ortodoxo. O que aconteceu com a minha identidade judaica nesse processo? Foi um movimento natural da vida, entende? E foi nessa época que comecei a construir uma relação diferente – mais leve, mais minha – com o judaísmo.

Toda aquela situação familiar me deixou sufocada. Os preceitos, as regras, os detalhes que antes pareciam tão essenciais passaram a pesar. E eu? Eu só queria encontrar um equilíbrio que fizesse sentido para mim. Me permiti a liberdade de fazer ou deixar de fazer as coisas conforme sentia, sem culpa, sem aquele peso de "isso é certo ou errado". Foi assim que me senti à vontade para me relacionar com o Frank.

Não era que eu estivesse buscando alguém *não* ortodoxo de propósito. Não existia essa exigência. Existia, sim, a necessidade de algo leve, de alguém que me respeitasse independentemente de onde eu estivesse na minha jornada religiosa – e que, acima de tudo, respeitasse meus filhos e meu espaço. *Isso sim* virou critério.

Aos poucos, fui me acertando com a minha própria religiosidade – e isso é importante dizer, porque não foi um processo óbvio. O Frank, mesmo com todas as nossas diferenças, entrou no meu mundo sem criticar. Ele não tentou mudar minha relação com o judaísmo, e eu não tentei mudar a dele. E, para minha surpresa, ele foi bem recebido até pela minha família, que continuava ortodoxa. Meus pais, meus filhos – todos o acolheram, porque, no fim, o que importava era o respeito.

Acho que, no fundo, o que fez o Frank se apaixonar por mim foram justamente os valores que eu carregava – muitos deles, sim, vindos do judaísmo, mas não daquela forma engessada. Era como eu enxergava o mundo, as pessoas, ele. Eu não estava preocupada em caber em um protótipo religioso. Estava preocupada em ser eu mesma, com minhas contradições e buscas.

E até hoje é assim. Ele respeita meus filhos, eu respeito as escolhas dele, e nós nos encontramos nesse meio-termo que, por incrível que pareça, nunca foi um conflito. Quando me separei e me mudei, minha relação com a ortodoxia já estava em transformação. E a escolha do Frank? Foi a confirmação de que eu não precisava mais viver sob um jugo que não era meu. A leveza se tornou prioridade e sagrada.

Reflexão de coragem:

Minha reflexão de coragem sobre essa fase da minha vida é, principalmente, sobre a coragem de ouvir meu coração. Coragem por não ter debatido tanto comigo mesma ou até me culpado pelas decisões difíceis que tomei, mas que queria tomar. Agradeço todos os dias por ter escutado minha voz interior, porque tudo aconteceu de forma muito natural. Apesar de ter vivido um processo de separação longo, doloroso e penoso, ele foi, de certa maneira, muito orgânico. Era como se o universo estivesse me ajudando, mesmo sendo uma fase difícil. Eu sempre me vi assim: primeiro eu colocava o pé e depois Deus colocava o chão. Não era o contrário, não era que eu já sabia onde o chão estava, e então eu dava o passo. Era um ato de fé, de confiança. Principalmente durante a separação: quando eu dava o primeiro passo, como por mágica, o chão aparecia.

O meu relacionamento com o Frank também foi algo natural. Ele me fazia bem e eu me sentia feliz quando estava com ele. Não houve uma grande reflexão sobre se estava namorando ou não, se isso ia dar certo, se havia um futuro. Eu simplesmente deixei as coisas fluírem, sem resistência. Não briguei com a oportunidade que apareceu. Eu não me peguei me perguntando: "Por que ele está comigo?" ou "Será que ele me acha bonita?". Eu sabia que ele tinha um padrão estético diferente do meu, mas isso nunca me incomodou. Com o tempo, lembro até de algumas pessoas que começaram a questionar, quando nossa relação ficou pública: "Nossa, ele está com a Stella, é sério?". E isso me fez refletir sobre como o universo pode surpreender.

O que o Frank me oferecia era uma companhia agradável, leve, uma pessoa com quem eu podia conversar sobre qualquer coisa. Ele me permitia a chance de recomeçar. Ele me trouxe algo que eu não tinha mais, e isso fez toda a diferença. Para me separar, precisei ter coragem, desprendimento. Para me entregar a um novo relacionamento, também. Mas, no fim das contas, as coisas aconteceram de forma muito mais fluida do que eu imaginava. Eu não forcei nada, eu só vivi. E foi assim que tudo aconteceu.

6

CAPÍTULO 6:
It's my life

De repente, percebi que, de alguma forma, eu já estava em um compromisso com o Frank. Não que nós tivéssemos verbalizado algo, mas eu simplesmente não me senti à vontade para estar com alguém que não fosse ele. Era um sentimento natural de estar comprometida e, no fim, entre nós, tudo aconteceu de maneira espontânea, sem a necessidade de grandes declarações. Depois que me dei conta disso, resolvi conversar com meus filhos e contei que estava saindo com ele. Mesmo assim, levei algum tempo para trazer o Frank para perto da minha família.

Quando finalmente o convidei para um almoço de sábado em casa, com meus filhos e meus pais, foi algo pensado, mas sem pressa. Nosso relacionamento seguiu este ritmo: gradual, natural e respeitoso.

Desde o início, estabelecemos algumas regras, ainda que tácitas. Por exemplo, nunca deixei que ele dormisse na minha casa enquanto meus filhos estavam lá. Não via necessidade e achava que não seria correto com eles. Criamos uma dinâmica que respeitava o espaço dos nossos filhos. Nós morávamos perto, a uma quadra e meia um do outro, então, se ele vinha à noite para assistirmos a um filme ou simplesmente passarmos um tempo juntos, ele voltava para casa antes de dormir. Aos domingos, almoçava conosco e passava o dia em família. Tudo foi acontecendo sem atropelos, sem pressa.

Assim como minha separação foi um processo gradual, a entrada do Frank na minha vida também foi. Sempre tive a preocupação de agir com responsabilidade e de minimizar os impactos sobre aqueles que conviviam comigo. Vejo tantas pessoas que, logo após um término, mergulham de cabeça em um novo relacionamento e, em poucos dias, já estão morando juntas e envolvendo os filhos de forma abrupta. Cada um tem seu jeito de lidar com a vida, claro, mas sempre achei que isso poderia ser muito confuso para as crianças. Muitas vezes elas não verbalizam, mas sentem. E, no nosso caso, havia um ponto a favor: eu já conhecia o Frank há anos e meus filhos também. Mas, mesmo assim, nós tivemos cuidado. Na frente das crianças, nosso carinho sempre foi respeitoso. Não nos beijávamos em público, porque entendíamos que isso poderia ser um processo delicado para eles. Mais do que tudo, queríamos que eles se sentissem confortáveis com essa nova configuração.

Até porque, além dos meus filhos, havia também os filhos dele. A filha, uma adolescente na época, certamente não deve ter achado fácil ver o pai com outra mulher. Eu entendia isso e tentei me aproximar dela de forma natural, sem forçar a barra. Porque, sim, lidar com essas relações é uma arte. Eu tinha quatro filhos e ele, dois. A mistura das nossas famílias era um caminho novo que foi desbravado aos poucos. Lembro que, do dia em que saímos pela primeira vez até o dia em que nos casamos, passou um ano e oito meses. Não foi uma decisão impulsiva, mas algo que sentimos e construímos juntos. Brinco que o Frank nunca me pediu em casamento. Na verdade, foi no meio de uma discussão que ele soltou:

— Ah, quer saber? Vamos casar!

Assim, sem cerimônia, sem ajoelhar, sem anel. Só a certeza de que era isso que queríamos. Já a comunicação para as famílias foi com jeitinho. Ele conversou com os filhos dele e eu com os meus. A mudança maior seria na minha casa, porque ele viria morar no meu apartamento e, como você sabe, nada ali era meu. Então ele trouxe a própria geladeira, máquina de lavar e as roupas. O quarto dos meus filhos foi adaptado para receber a mobília dele. Misturamos lençóis, encaixamos uma esteira no espaço disponível. Aos poucos, fomos transformando o lar em algo que fosse de todos.

Já que decidimos casar, eu queria de novo uma cerimônia prática e simples. Mas tinha um detalhe: o filho dele estava morando no Canadá. Então, esperamos ele voltar para oficializar a união. Além disso, havia uma outra questão: eu ainda não tinha oficializado minha separação do meu ex-marido no civil. No judaísmo, assim como existe um contrato religioso chamado *Ketubá* ao se casar, há também um protocolo específico para a separação. Esse documento é ainda mais importante do que o casamento em si dentro da tradição cabalística. Chama-se *Guet*, e é um processo religioso legítimo e necessário para que a separação seja reconhecida espiritualmente. Foi um rito fechado, solene, e, apesar de estar feliz com minha decisão, saí de lá profundamente triste. Chorei muito. Separação é sempre um luto. Como disse antes, ninguém se casa pensando em se separar, e mesmo tendo certeza do que eu queria, foi um dia doloroso. No meio dessa transição, acabei deixando o divórcio civil de lado e meus documentos estavam uma bagunça – alguns no nome de solteira e outros no nome do meu ex-marido. No meio desse caos, eu acabei me casando no religioso com o Frank, mas no civil ainda estava casada com meu ex. Detalhes, né? Para mim e para os meus filhos, o que importava mesmo era o casamento religioso, porque era o que tinha significado para os meus filhos. A nossa cerimônia precisava ser algo autêntico, verdadeiro. E, acredite se quiser, casamos no dia 1º de abril de 2017. No Dia da Mentira! Todo ano, quando chega nosso aniversário de casamento, brinco com ele:

— Por favor, amor, não repete aquela piadinha de que parece mentira que já se passaram tantos anos, tá?

Depois de casarmos, o Frank se mudou para minha casa somente uma semana depois. Isso porque casamos poucos dias antes da Páscoa Judaica, e eu avisei:

— Olha, amor, não venha para cá agora. Você vai achar que entrou em uma casa de malucos!

Quem conhece a tradição da Páscoa Judaica sabe: trocamos toda a louça, as panelas, cobrimos a cozinha... tudo para garantir que não haja nenhum vestígio de fermento. Para quem não cresceu com isso, pode parecer uma cena de outro mundo. Então, ele só veio depois da Páscoa. Foi quando meus filhos o receberam em casa pela primeira vez como parte oficial da família.

Nosso casamento religioso foi simples, exatamente como eu queria. Mais simples até do que meu casamento em Israel. Escolhi um rabino discreto, sábio e humano. Fiz questão de que não houvesse luxo algum. A nossa *chuppah* (pronuncia-se rupá) – aquele dossel sob o qual se realiza a cerimônia judaica – não tinha enfeites, flores ou qualquer adorno. Apenas quatro amigos segurando as hastes de madeira que sustentavam o tecido. Fizemos a cerimônia ao ar livre, na parte externa da sinagoga, com cerca de 70 ou 80 pessoas, entre amigos e familiares mais próximos. A família do Frank era grande, então, no fim, foi um encontro intimista, mas significativo. Meu vestido eu aluguei em um brechó de um amigo querido. Paguei R$180, incluindo a tiara. O Frank casou com o terno do bar mitzvah do filho dele. Pegamos garrafas de champanhe em consignação e contratamos um garçom que já havia trabalhado em muitos eventos meus. Uma amiga próxima quis me levar de carro e pediu uma Mercedes emprestada ao irmão. No meio da correria, esqueci completamente de contratar um cinegrafista! Por isso temos fotos, mas o registro em vídeo simplesmente não aconteceu.

Na cerimônia judaica, há um momento em que sete pessoas sobem à *chuppah* para dar bênçãos ao casal. Convidamos apenas familiares para isso. Os sobrinhos do Frank participaram e um deles cantou na cerimônia, enquanto os outros dois deram as bênçãos. Queríamos valorizar as pessoas que amamos e que sempre estiveram ao nosso lado. A única flor presente foi a da vela que levei nas mãos, com algumas flores pequenas ao redor. Meu pai me acompanhou até a *chuppah*, segurando essa vela acesa. Agora, imagine essa cena: assim que a cerimônia terminou, meu sobrinho cantou uma música linda. O Frank quebrou o copo – como manda a tradição que simboliza que nossa alegria nunca será completa até que o Templo de Jerusalém seja reconstruído. E, ao invés de sairmos ao som de algo clássico, descemos do dossel ao som *It's My Life*, do Bon Jovi, tocando ao fundo. Sim, no meio da sinagoga! Porque era assim que eu vivia minha vida: sem me importar com o que os outros pensavam, seguindo meu coração. Até hoje, quando essa música toca, nossos amigos lembram de nós. Se estão em um bar e começa a tocar Bon Jovi, eles mandam vídeos e compartilham com a gente. Frequentamos pubs com bandas ao vivo e, sempre que essa história chega até elas, nos chamam para a pista quando a música começa. Virou um símbolo, um hino nosso e a partir daquele momento eu sabia que estava começando a construir a família dos meus sonhos. Nada é perfeito, claro. Mas chegamos muito perto da perfeição, porque aprendemos com os erros do passado.

Sempre fomos cúmplices e transparentes um com o outro. Meus filhos não só respeitavam o Frank, mas o honravam. A rotina em casa se tornou leve e feliz. Meus filhos, finalmente, aprenderam o que era viver em um lar onde reinavam o amor e o respeito. E essa era minha maior realização nessa nova união: saber que agora eles tinham boas referências do que era uma relação saudável e feliz. Meu medo sempre foi que eles crescessem achando que o amor era sinônimo de dor. Mas, ao contrário, aprenderam que o amor verdadeiro é feito de harmonia, parceria e felicidade.

Com os meus enteados, tudo aconteceu de maneira muito natural. Meu enteado já me conhecia do escritório e nos entendemos muito bem desde o início. Já com a minha enteada, a história foi um pouco diferente. Ela sempre foi muito próxima do pai e era a "menina dos olhos" dele. Tanto que, quando o Frank me apresentou à família, eu fui a primeira mulher que ele levou para dentro de casa depois da separação. E olha que já tinham se passado cinco anos! Ele tinha saído com outras mulheres, claro, mas nunca apresentou nenhuma aos filhos. Sempre tentei usar a minha experiência profissional e pessoal para criar uma conexão genuína com eles. Assim, a relação com a minha enteada teve altos e baixos. Passamos por fases em que éramos muito próximas, quase como amigas, e outras em que mal nos falávamos. Até porque eu também tinha os meus sentimentos, meus próprios desafios para lidar.

Além disso, na época, a ex-esposa do Frank e ele não tinham a melhor comunicação do mundo, e isso acabava me colocando, indiretamente, em um papel delicado. Um dia, contudo, resolvemos tomar a iniciativa e marcamos um encontro. Lembro de mandar uma mensagem mais ou menos assim:

— Estou casada com o Frank, convivo com os seus filhos, e os amo de verdade. Sei que o Frank também ama os meus filhos. Mas ninguém aqui foi obrigado a amar ninguém, tudo aconteceu naturalmente. E adoraria que pudéssemos nos conhecer melhor para uma vivência mais tranquila.

Felizmente, ela aceitou meu convite. Marcamos um café e, surpreendentemente, nos tornamos amigas. E amigas de verdade! Do tipo que empresta roupa uma para a outra antes de sair para uma festa. Nos damos tão bem que até saímos juntos "de casal". O marido dela me chama de "cunha", e brincamos que somos cunhados um do outro. E, claro, hoje eu e minha enteada nos damos muito bem e superamos as dificuldades do início.

Um episódio importante que não posso deixar de mencionar nessa fase da minha vida é que, no dia do meu casamento religioso com o Frank, minha filha mais velha chorou copiosamente. Chorou de emoção mesmo. Acredito que, no fundo, ela sempre quis ser um pouco como eu. Apesar de todas as nossas diferenças, havia uma admiração ali. Aquela relação de amor e conflito típica entre mães e filhas.

Eu sempre tive esse olhar atento e essa percepção aguçada. E vê-la chorar tanto no dia do meu casamento me marcou profundamente. Isso foi em abril. Poucos meses depois, em junho, ela foi para Israel e, de repente, anunciou ao pai que queria se casar. Ela tinha apenas 17 anos. Meu ex-marido, que estava em Israel com ela, levou a questão ao rabino, que por sua vez apresentou o neto dele, um jovem de 24 anos. Minha filha simplesmente me ligou e disse:

— Mãe, vou ficar noiva.

Aquilo me pegou completamente de surpresa! Eu tinha acabado de me casar e, de repente, minha filha queria se casar também, tão jovem. É claro que fui completamente contra. Não participei de nada e achei que não havia a menor condição para uma decisão dessas aos 17 anos. Ela ainda não tinha maturidade, tinha questões não resolvidas e, para piorar, o rapaz era um religioso meio rebelde dentro da própria família. Um pouco mais aberto, sim, mas ainda assim um desconhecido para mim. Mas não adiantou que eu dissesse nada. Ela ficou noiva em julho e marcou o casamento para o dia 31 de dezembro. Eu fiquei aflita porque logo soube que ela se casaria em Israel e depois mudaria para Londres, com a família do marido.

Ela não me consultou sobre nada e, pelos meses seguintes, agosto e setembro, me mantive firme na decisão de não ir ao casamento. Consultei advogados para ver se, por ser menor de idade, eu poderia legalmente impedir o casamento. Mas, como a comunicação com o pai dela não estava boa naquela época, ele fazia todas as suas vontades, o que gerou ainda mais atritos entre nós. Então, com a proximidade do casamento, minha filha me escreveu perguntando se eu ia ou não. Nunca esqueço, ela disse:

— Mãe, preciso saber. Porque se você não for, preciso ver quem vai me levar para a *chuppah*.

E foi quando o Frank sentou comigo, me pegou pelo braço e disse:

— Com tudo o que aconteceu, com todos os sentimentos que você tem e que eu compreendo, eu acho que você deve ir. O tempo passa, as situações mudam um dia. E você pode se arrepender.

E as palavras dele me fizeram refletir.

Decidi ir, mas tinha uma condição. Pelo Judaísmo, a princípio não se deve evitar filhos, mas expliquei a ela que existem autorizações rabínicas para isso, dependendo da situação do casal.

— Você é muito nova e vai estar longe de mim. Então, a minha condição é que vocês conversem com o rabino e peçam autorização para evitar filhos nos dois primeiros anos de casamento. — Ela aceitou, eles buscaram essa orientação e eu decidi ir.

Mesmo assim, não foi nada simples lidar com tudo o que eu sentia ali. Conheci meu genro no dia do casamento, e de longe, porque em um casamento ortodoxo as mulheres e os homens celebram separados. O primeiro contato real que tive com ele foi no dia seguinte, quando saímos nós quatro para um bar em Tel Aviv. Foi ali que conversamos pela primeira vez.

Minha filha então se casou e saiu de casa, foi construir a própria vida em Londres. E foi só depois disso que nos tornamos amigas de verdade. Quando ela passou a viver a própria realidade, quando enfrentou os desafios do casamento e da vida adulta, passou a me enxergar de outra maneira. Eu era a pessoa a quem ela recorria sempre que precisava. Claro, como qualquer casal jovem, eles tiveram inúmeras questões e, nessas horas, era para mim que ela ligava. O curioso é que, quando eu era muito dura, ela pedia para falar com o Frank! Ele tinha um jeito mais ameno e sabia tranquilizar a situação. Assim, com o tempo, as dinâmicas melhoraram. E até meu ex-marido e eu passamos a nos comunicar melhor. Eu me tornei a referência quando se tratava da nossa filha e o Frank, por sua vez, era aquele que sabia como mediar conflitos. O processo para chegarmos ao ponto em que estamos hoje foi longo. Hoje conseguimos conviver bem com nossos ex-cônjuges e construir uma rede de afeto e respeito, resultado de muita boa vontade e muitas conversas. Também foi necessário ter humildade para reconhecer erros, pedir desculpas, refazer caminhos e ressignificar relações.

Muitas pessoas olham para nossa família hoje e dizem: “Nossa, que relação linda vocês têm!”.

Como se fosse simples ou questão de sorte. Mas só eu sei o que foi preciso para chegar aqui. Foi um verdadeiro caminho de pedras. Não aconteceu do dia para a noite, e não foi fácil. Foi uma construção.

✦✦✦

Meu casamento com o Frank é muito simbólico e em várias nuances. É um casamento de diferenças, de recomeços, de construção, de compreensão e de profundo respeito. Eu, uma mulher que se separou de um rabino ortodoxo, e ele, um judeu secular, sem qualquer traço de ortodoxia. De cara, muitas pessoas olhavam para nós com estranhamento: eu de peruca, usando apenas saias, e ele, um homem moderno e aberto ao mundo. Como isso funcionava? Como era possível? Acho que essa foi a maior lição que demos aos nossos filhos e a todos que nos acompanharam de perto: com respeito, tudo é possível, porque ninguém é igual a ninguém. Nossa diferença era visível a olho nu, mas todo casal tem diferenças. Algumas aparecem nas roupas que vestimos, outras estão na forma como pensamos e sentimos o mundo. Mas sem respeito, nada prospera.

Minha religiosidade também mudou um pouco depois de tudo isso. Afinal, eu tinha passado de um extremo a outro muito rápido. De uma mulher 100% secular, que nunca estudou em escola judaica e não sabia nada sobre judaísmo, me tornei, em um ano, ortodoxa. E quando você faz essa mudança de forma tão abrupta, você acredita que está no caminho certo e que todos deveriam seguir essa mesma trilha. Eu queria que todos enxergassem o mundo da mesma maneira que eu. Demorei para perceber que não era assim. Sempre fui intensa, e isso me fez radicalizar minha fé. Eu me cobria inteira e me tornava cada vez mais rigorosa nas práticas religiosas, mesmo enquanto trabalhava como correspondente na televisão.

Quem me visse na rua poderia jurar que eu vinha de uma família ultraortodoxa!

Mas, no fundo, essa não era minha essência. Como você agora já sabe, desde criança eu sempre fui espalhafatosa, expansiva, gesticulo quando falo e falo alto. Sempre gostei de cores vivas, de decotes, de minissaias... Na adolescência, fui hippie, acendia incensos, usava batas e colares de marfim. Tive uma fase *rockabilly*, com saias rodadas e botinas. Vivi cada uma delas intensamente. E, nesse processo de me tornar ortodoxa, acabei perdendo parte da minha individualidade. Eu queria ser como aquele mundo ao qual então pertencia. Achei que precisava ser igual a todos ali, mas esqueci que nem mesmo os ortodoxos são iguais entre si. Com o tempo, me senti sufocada pela escolha radical que tinha feito e precisava respirar. Foi assim que, aos poucos, minha manga começou a encurtar, minha saia subiu alguns centímetros e voltei a usar cores. Tirei até a meia-calça – coisa impensável para uma mulher ortodoxa! Foi um processo interno, independente do Frank. Quando nos casamos, eu usava peruca, pois simbolizava algo importante para mim. No começo, mantive-a por respeito aos meus filhos, pois a tradição diz que uma mulher religiosa divorciada deve continuar cobrindo seus cabelos, mas depois virou parte de mim.

Lembro quando o Frank começou a sair comigo, ele se relacionava com uma mulher que usava peruca o tempo todo. No entanto, isso nunca foi um problema para ele – pelo contrário, ele enxergava além dessas camadas e via minha essência. Aliás, em relação à peruca, quando comecei a sair com o

Frank, ele achou aquilo... exótico. No bom sentido. Do tipo "nossa, que diferente" – mas sem peso, sem julgamento. Não era um "ai que horror" ou um "que coisa estranha". Era só mais uma parte de mim, e ele gostava de mim como eu era. Isso fez toda a diferença.

E aqui vale um parêntese: eu não fui criada usando peruca e saia. Antes do meu casamento ortodoxo, eu usava shortinho, calça jeans, o que quisesse. A peruca entrou na minha vida como um acessório obrigatório depois que me casei enquanto ortodoxa, porque toda mulher ortodoxa casada precisa cobrir os cabelos.

Com o Frank, essa questão não virou um tema, não virou um conflito. Era só um detalhe – e um detalhe que ele até achava interessante. E isso diz muito sobre como nossa relação sempre foi: leve, sem cobranças, sem aquele olhar crítico sobre o que é "certo" ou "errado" na aparência do outro.

Hoje, brinco que ele é o maior fã das minhas perucas! Antes eu tinha uma só, agora tenho várias e até cheguei a abrir uma loja de perucas! Com o tempo, ressignifiquei muitas coisas. A peruca, que antes era uma obrigação, tornou-se também um acessório. Mas, por mais que hoje eu veja de outra forma, ainda é algo que não consigo abandonar. Fora do meu círculo íntimo – minha família, meus filhos e os filhos do Frank – eu simplesmente não consigo sair sem ela. É algo que ficou, que faz parte de mim. O mesmo acontece com as roupas. Eu posso até usar uma saia mais curta, mas nunca uma calça justa ou algo que fuja completamente desse código que, de certa forma, ainda me define. São marcas que carrego e que, de algum modo, continuam a viver em mim.

É preciso ter coragem para viver a própria autenticidade porque as pessoas sempre julgam muito. E vão continuar julgando. Primeiro me julgaram quando me tornei religiosa. Depois, quando comecei a flexibilizar minha prática. Diziam que eu havia "chutado o pau da barraca". Mas a verdade é que eu nunca abandonei minha fé. Apenas encontrei um jeito mais leve de vivê-la. Minha casa sempre foi 100% *kasher* e todas as festas judaicas são celebradas com alegria. Mas minha vestimenta mudou conforme minha vontade. Eu nunca voltei a usar calças, por exemplo. Minissaias, sim.

A grande lição que tirei disso tudo é que minha relação com a fé precisava ser autêntica. E foi isso que ensinei aos meus filhos. Cada um deles escolheu seu próprio caminho dentro do judaísmo, e eu os apoiei. Minha filha do meio, por exemplo, é extremamente religiosa. Ela cumpre todas as regras ao pé da letra. E, quando certa vez sugeri que ela poderia flexibilizar algumas coisas, ela me respondeu:

— Eu respeito suas mudanças. Espero que você respeite minhas escolhas.

Nunca mais questionei. Ela tinha razão.

Meu filho mais velho também seguiu seu caminho. Depois de estudar em uma *yeshivá*, entrou para a faculdade. Antes disso, sentei-me com ele e disse:

— Agora você está no mundo. O que decidir para você, eu vou apoiar. Mas que seja autêntico. Nada de ser uma pessoa na rua e outra em casa.

Ele decidiu manter as práticas judaicas e vai à faculdade de quipá, além de levar marmita *kasher*. Seus amigos, muitos nem judeus, respeitam sua escolha. Ele encontrou um equilíbrio próprio.

O mais novo, ainda adolescente, está no processo de descoberta. Meu papel é guiá-lo para que sua escolha seja verdadeira, e não uma imposição. A única coisa que sempre quis evitar é a hipocrisia. Vi muitas pessoas no mundo ortodoxo vivendo uma vida dupla, fazendo coisas escondidas. Eu não queria isso para os meus filhos. Inclusive, nunca me esqueço de um episódio curioso relacionado a isso na escola da minha filha. Um dia, fui chamada pela professora, que me disse:

— Seus filhos foram ao cinema. Você sabe que isso não é permitido, né?

Respirei fundo e respondi:

— Sim, eu sei. Mas vou te contar um segredo: 60% das famílias desta escola vão ao cinema. A diferença é que meus filhos não sentem a necessidade de esconder isso.

A professora ficou em silêncio. Porque, no fim das contas, o problema não era ir ao cinema. O problema era ser visto indo ao cinema! E essa é uma vida que nunca quis para mim, nem para a minha família.

Reflexão de coragem:

Acho que a grande reflexão deste capítulo é justamente essa: a coragem de ser de verdade. De ser autêntica, de ser fiel à própria essência e de buscar a felicidade sem máscaras ou concessões que nos esvaziem por dentro. A coragem de olhar para dentro e reconhecer quem realmente somos, sem medo do julgamento alheio ou das expectativas impostas pelo mundo ao nosso redor.

Hoje percebo o quanto de coragem existia em mim quando decidi me aventurar em um novo relacionamento com alguém que tinha um estilo de vida completamente diferente do que eu conhecia, diferente daquilo que estava enraizado na minha casa e na minha história. Não foi uma decisão impulsiva, foi uma decisão consciente em direção a algo novo, ao desconhecido e à possibilidade de construir uma relação genuína, apesar de todos os olhares críticos e opiniões não solicitadas. Foi um ato de confiança em mim mesma, na minha capacidade de amar e de ser amada sem precisar abdicar de quem eu sou.

Tive a coragem de dar início a essa nova história e, mais do que isso, tive a coragem de encontrar equilíbrio depois de tudo o que vivi. De me reconstruir sem perder partes essenciais de mim mesma. De manter viva minha fé sem precisar renunciar a nada, sem precisar apagar traços da minha identidade para caber em um novo contexto. Foi preciso coragem para criar, dentro da minha própria casa, um ambiente onde o respeito fosse a base, onde as diferenças não fossem vistas como obstáculos, mas como riquezas que ampliam o olhar e fortalecem os laços. Um lar onde cada um teve o direito de fazer suas próprias escolhas e, acima de tudo, ser respeitado por elas.

No fundo, cada uma de nós sempre seguirá seu próprio caminho, traçará sua própria jornada, enfrentará seus próprios desafios. E o que realmente importa não é o caminho em si, mas a verdade e a serenidade com que cada uma faz esse percurso. Que sejamos sempre fiéis a nós mesmas, que encontremos forças para sustentar nossas escolhas e, acima de tudo, que sejamos saudáveis e felizes, independentemente do rumo que decidirmos tomar.

7

CAPÍTULO 7:
Matriarca

Depois de um casamento belíssimo e de conquistar uma vida profissional que fazia muito sentido para mim, você pode até pensar que eu estava pronta para sossegar. Mas, como já deve ter percebido, o desejo de inovar e me desafiar sempre volta a tomar conta de mim. Então, eu estava ali, feliz da vida com meu escritório voltado para o público feminino, quando resolvi começar a ajudar o Frank na empresa dele. Foi algo que aconteceu de forma natural e quase automática até. Afinal, eu já conhecia o DNA da empresa – pois já havia prestado consultoria anteriormente –, então estava familiarizada com a cultura, os valores e o funcionamento.

Durante um tempo, a gente até tinha interrompido o trabalho juntos, não por decisão formal, mas por uma mudança de rumos. A empresa dele passou por algumas transformações: mudou de endereço, reestruturou a equipe, e acabou que nosso vínculo profissional deu uma pausa. Não foi imediato, mas aconteceu. O fato é que um dos sócios executivos da empresa se afastou e deixou de atuar no dia a dia. Com isso, o Frank ficou sozinho na gestão e foi então que eu me ofereci para ajudar nas estratégias. A princípio, eu ia apenas dar uma mão ali, outra aqui... mas acabei me envolvendo mais do que imaginei.

Primeiro, porque a empresa tinha um viés educacional e eu adoro esse tema. Ele trabalhava com escolas e com tecnologia voltada para o aprendizado. Isso já me ganhava de cara. Nos meus atendimentos no escritório, eu frequentemente falava sobre a educação dos filhos e fazia conexões com o desenvolvimento familiar – algo que sempre esteve presente, até pelos anos de experiência e também por ser mãe de quatro filhos. Anos antes, inclusive, eu já tinha até realizado workshops para pais, justamente porque atendia muitos adolescentes e via os dois lados da moeda.

Com essa demanda, acabei diminuindo minha carga de atendimentos e aumentando minha participação na direção executiva da empresa dele. Aos poucos, fui me afastando do meu consultório e mergulhando de corpo e alma naquele novo projeto.

Apesar de ser uma empresa de tecnologia educacional, levei para dentro dela o olhar do desenvolvimento humano. Fizemos até uma viagem juntos para a Índia, já que o fornecedor principal era de lá – ele representava uma empresa indiana no Brasil. Foi uma experiência riquíssima! E, já naquela época, eu propus para o Frank:

— Por que não incluir um viés mais humano nesse trabalho com tecnologia? Esse é um tema que vai crescer, que já está na pauta.

Desse movimento, surgiu um trabalho muito especial e do qual tenho muito orgulho: participei da produção de uma coleção de livros sobre letramento digital para a Pearson, uma das maiores empresas de educação do mundo. Foram nove volumes voltados para escolas, todos desenvolvidos em equipe – e meu nome está lá, assinado ao lado dos demais. Eu fiquei tão empolgada e feliz que sugeri até de abrirmos uma editora, pensando em criar livros que unissem educação e desenvolvimento humano. Mas, então, veio a pandemia.

E curiosamente, aquele foi um dos momentos mais gostosos que vivemos em casa, em família. Sim, é claro que o caos no mundo ainda acontecia lá fora e estávamos apavorados com isso. Mas nosso lar se manteve como um abrigo cheio de afeto e gosto de guardar o lado positivo daquele momento de tanta tristeza. Foi ali, também, que Frank e eu tivemos a certeza de que a nossa conexão era verdadeira. Aproveitamos aquele tempo juntos, nos curtimos e nos reconectamos. Até hoje sentimos saudade daquele período – por mais estranho que isso possa parecer.

Logo no início da pandemia, nos engajamos em uma ação solidária que marcou muito esse tempo. Existe uma organização judaica chamada Ten Yad – que em hebraico significa "Estenda a mão" – dedicada a alimentar pessoas em situação de vulnerabilidade, especialmente da comunidade judaica. Há um refeitório onde, todos os dias, são servidas refeições para quem não tem o que comer. Sim, existe uma crença de que "todo judeu é rico", mas isso não é uma verdade. Como em qualquer grupo, há judeus de todas as classes. Inclusive, muitos se encontram em situação de pobreza. Por conta da pandemia, o refeitório precisou fechar as portas, mas, claro, as pessoas continuavam precisando de comida. Foi aí que entramos como voluntários, entregando as marmitas nas casas daqueles que antes iam até lá para comer.

No começo, nos alistamos achando que seria algo passageiro, coisa de duas semanas. Mas todos sabemos o que veio depois. E o Frank continuou firme, todos os dias, nesse trabalho voluntário. Nós revezávamos: ora eu ia, ora os meninos iam com ele. Fizemos muitas coisas por outras pessoas naquele tempo – não só entregas, mas gestos pequenos e significativos. Durante a Páscoa Judaica, por exemplo, preparei os itens simbólicos aqui em casa com a ajuda dos meus filhos. Fiz kits para a nossa celebração e compartilhei nas redes sociais: "Se você não sabe montar o seu *Seder*, eu preparo pra você". E para a minha surpresa, o resultado foi que dezenas de pessoas vieram buscar os kits na portaria do nosso prédio. Era um gesto pequeno, mas cheio de significado – uma forma de manter viva a tradição, mesmo em tempos de isolamento.

Foi também durante a pandemia que eu decidi resolver duas pendências: o divórcio oficial do meu ex-marido e o casamento no papel com o Frank, meu atual marido. Aquele momento estranho, de tudo parado, parecia ideal para colocar a vida em ordem e eu aproveitei. Primeiro veio o divórcio – no papel, que era só o que faltava. Precisei esperar o prazo porque, acredite, não é possível se casar no dia seguinte com outra pessoa! A pandemia estava naquele vai-não-vai, parecia que ia acabar, e então resolvemos pelo menos agendar a data do casamento no civil. Marcamos. E, claro, justo na semana, tudo fechou de novo. Resultado: nos casamos no auge da segunda onda da pandemia. De máscara. Só o oficial de justiça estava presente, mantendo o distanciamento. A Gilmara, que trabalha com a gente, foi minha testemunha. E a Carlinha, nossa advogada – que tinha cuidado do meu divórcio – levou um raminho de flores para mim. As fotos são ótimas: o Frank e eu de máscara, quase irreconhecíveis, com aquelas faixas no chão marcando a distância entre as pessoas. O juiz fazendo sinal para onde a gente devia ficar e álcool em gel em todos os cantos. Uma cena surreal. Mas, no fim das contas, deu certo. E hoje rimos bastante de tudo isso.

Profissionalmente, naquele mesmo período, Frank e eu montamos um escritório improvisado em casa. A empresa dele, a XD Education, estava trabalhando com soluções tecnológicas para escolas – como óculos de realidade virtual, carrinhos com equipamentos 3D, conteúdos digitais interativos e coisas do tipo. Tudo pensado para a sala de aula... que, de repente, não existia mais. Com as escolas fechadas, logo pensei que precisaríamos pensar em estratégias para manter os clientes, mesmo que eles não estivessem usando o produto naquele momento. Precisávamos oferecer algo que agregasse valor. E uma das propostas foi usar minha experiência para oferecer lives e encontros virtuais com pais, professores e até alunos do ensino médio.

A ideia deu tão certo que virou uma verdadeira maratona! Foram, sem exagero, mais de 200 lives durante aquele período. Para escolas de todo o Brasil. Nós falávamos sobre educação, sobre filhos, sobre como lidar com o home office e as crianças em casa, sobre saúde emocional e sobre convivência. Tudo isso enquanto ouvíamos as dores de outras famílias e relatos que nem imaginávamos passar. Foi nesse contraste que nasceu uma nova ideia. Eu queria criar algo mais robusto, algo que realmente ajudasse essas famílias na prática. E foi daí que surgiu o embrião da "Escola de Pais XD" – um braço novo da empresa, focado no desenvolvimento humano e não somente na tecnologia.

E aí, como se os algoritmos escutassem nossas conversas, começou a aparecer um anúncio no meu celular: "Primeiro Congresso Internacional de Educação Parental".

Olhei aquilo e falei na hora:

— Frank, isso aqui é um sinal!

Ele topou na hora. E fomos. Ele, aliás, era o único homem no evento presencial. O Congresso foi híbrido, com um público reduzido fisicamente, e transmissão ao vivo para muita gente. A temática era extremamente nova, e foi nesse encontro que descobri que aquilo que eu já fazia – aquele meu jeito de falar com pais, de orientar famílias – tinha nome, formação e... era uma profissão! Educação parental. Conheci ali pessoas incríveis, como a Ivana Moreira, por exemplo, uma das organizadoras do evento, que virou uma grande amiga. Hoje, ela trabalha com mulheres e tem um podcast maravilhoso, o *Inspiradoras Cast*, na Nova Brasil FM – inclusive, já participei como convidada. Conheci também a Bete P. Rodrigues – como ela faz questão de assinar. Ela é uma das precursoras da disciplina positiva no Brasil e uma referência na área. Gostei tanto da palestra dela que marquei, ali mesmo, uma conversa durante o evento. Falei com a Ivana, falei com a Bete e contei sobre a ideia da escola de pais. Compartilhei com elas meu desejo de construir algo colaborativo, com uma equipe multidisciplinar, reunindo especialistas de várias áreas. Sempre acreditei na força do trabalho coletivo. O *Mulheres Apaixonadas*,* por exemplo, não era só meu. Eu envolvi dezesseis mulheres e cada uma com sua *expertise* – advogada, *personal stylist*, nutricionista... – eu nunca quis ser a dona da verdade, gosto é da troca, do que nasce da diversidade de olhares.

Bete adorou a ideia. E ela mesma era, na época, a formadora oficial de educadores parentais da Positive Discipline Association no Brasil. Saí do Congresso já inscrita para a formação com ela. O evento foi em novembro, se não me engano, e em janeiro, comecei o curso. Em fevereiro, minha equipe estava montada: oito profissionais, incluindo psiquiatra infantil, psicóloga, consultora do sono, nutricionista, entre outras. Todas com um propósito comum: empoderar pais com conhecimento, para que assumissem com mais segurança e consciência o desafio de educar filhos no século XXI.

A Escola de Pais XD foi criada ainda dentro da empresa do Frank. Montamos um estúdio improvisado e aulas semanais ao vivo com cada especialista. Era um projeto pensado para ser híbrido, com presença física e transmissão on-line. Estava tudo pronto: logotipo, cronograma e equipe, mas justo quando estávamos prestes a lançar, veio a segunda forte onda da pandemia e fechou tudo outra vez. Então, tivemos que adaptar o projeto. Começamos vendendo direto para os pais (no modelo B2C),

* "Mulheres Apaixonadas" foi meu projeto mais deliciosamente caótico: um misto de *talk show*, terapia coletiva e noite de festa entre amigas. Imagine um teatro transformado em salão de eventos com mesinhas e drinks, onde 300 mulheres se reuniam para rir, aprender e – quem sabe – sair dali um pouco mais donas de suas vidas. No palco, montamos um sofá digno da Hebe (era meu tributo à rainha dos *talk shows*). Eu fazia atendimentos ao vivo, com mulheres subindo para desabafar ou tirar dúvidas – de relacionamentos a carreira. Mas não era só conversa séria: intercalávamos com dança, sorteios e participações de especialistas – de educadora financeira a *personal stylist* – tudo no ritmo de quem sabe que conhecimento também pode ser divertido.

mas, em meio a isso, meu avô ficou doente e decidi trazê-lo do Rio para São Paulo, para cuidar melhor dele.

Nossa relação era muito próxima, como você leu no início deste livro. Portanto, deve imaginar o quanto foi triste acompanhar todo esse processo. Em maio, meu avô faleceu. E entre cuidados e despedidas, eu já não conseguia dar conta de tudo. O piloto da escola de pais rodava sozinho e foi nesse momento que o Frank sugeriu que mudássemos o foco para trabalhar com empresas e escolas. A ideia era transformar a Escola de Pais em um benefício para os colaboradores e um apoio às escolas, justamente quando a relação entre família e escola estava tão tensa. Entramos como ponte, como acolhimento e como escuta ativa. Desenvolvemos o modelo B2B e, sem referências no mercado, fomos construindo o caminho enquanto caminhávamos. Era tudo novo e ousado, mas muito necessário!

A start-up cresceu. Ampliamos o projeto e trouxemos novos profissionais: educador financeiro, especialista em inclusão, parentalidade atípica... Fiz curadoria de todos os conteúdos, criamos uma plataforma lindíssima, com trilhas de aprendizagem por idade e tema, como se fosse uma Netflix da educação parental. Gravamos horas de conteúdo com cada especialista, mas tudo com muito propósito e profundidade. Foi mais ou menos nessa época que a pauta da educação parental ganhou força em nível nacional. E até o Congresso passou a discutir o tema, fazendo com que políticas públicas começassem a surgir. Nesse momento, um ex-vice-presidente da Pearson, que havia trabalhado conosco, entrou como conselheiro. E, com a chegada dele, a Escola de Pais XD se transformou na Juntos

Educação Parental. Nós continuamos com as parcerias com empresas e escolas, mas com um produto mais robusto, estruturado e com grande potencial de impacto.

Foi a partir daí que eu passei a focar mais nas palestras e eventos personalizados, enquanto o Frank assumiu a parte comercial. Em fevereiro do ano seguinte, percebi que, com o produto pronto, eu teria mais tempo. Pensei até em retomar as mentorias para pais, mas algo dentro de mim ainda queria mais. Eu sentia uma vontade enorme de voltar a trabalhar com mulheres. E, sem pedir licença para ninguém, sentei e escrevi uma nova palestra, voltada para o público feminino. Uma palestra que era, no fundo, minha própria história!

Logo em março, fui convidada para apresentá-la na Câmara Municipal de São Paulo, no Dia Internacional da Mulher. E eu fui. Era uma palestra nova, sem teste, sem ensaio, só coragem. E funcionou. Apesar das inseguranças, senti que o caminho estava se abrindo de novo. No entanto, a vida estava prestes a exigir de mim um dos maiores desafios de toda a minha trajetória.

Meus pais começaram a demandar cada vez mais cuidados. Meu pai, diagnosticado com Alzheimer, estava completamente dependente. E minha mãe, por sua vez, adoecia emocionalmente. Eu, como filha mulher e vizinha, assumia tudo o que podia. Tentava cuidar dela, animá-la e trazê-la de volta à vida. Foi um período de muito desgaste. Inclusive, acho importante dizer: foi ali, em setembro de 2022, que tive minha primeira crise de ansiedade. A vida estava em um ritmo insano. Frank e eu até viajamos para Ilhabela, na tentativa de descansar um pouco, mas ele não conseguiu se desligar do trabalho, e aquilo me afetou profundamente.

Na pousada, comecei a tremer e suar frio. Isso nunca tinha acontecido comigo e não entendi na hora o que estava acontecendo. No domingo, voltamos normalmente para casa e, na segunda, eu abriria um evento importante da comunidade judaica. Só que antes de subir ao palco, comecei a sentir pontadas, formigamento e falta de ar. Subi mesmo assim, dei tudo de mim, e ao final... desabei. Fui para casa e chorei por dias. Eu, que sempre amei ser ativa e me envolver em tudo o que era possível, comecei a repetir que não queria mais trabalhar, que não queria sair e que não tinha vontade de fazer nada. Era ansiedade. Era exaustão. Liguei para a psiquiatra da equipe da Juntos, que na época nos atendia, e ela confirmou que eu estava em crise. Iniciei o tratamento, voltei à terapia, e fui, aos poucos, reconstruindo meu centro. Comecei a falar sobre isso nas redes. Expus minha vulnerabilidade. E as respostas que recebi foram emocionantes – principalmente as de mulheres. Muitas mesmo. Sofrendo caladas. Exaustas. Tratei a ansiedade e aprendi a lidar com ela, mas, claro – e se você sofre com isso já deve saber –, vez ou outra, mesmo com todos os cuidados, alguns gatilhos a fazem vir à tona.

E foi assim, ainda lidando com tudo isso, que enfrentei o momento mais difícil da minha vida. Em 2024, quase três anos depois daquela primeira crise, meus pais foram internados ao mesmo tempo, cada um com um diagnóstico diferente. Perdi os dois em um intervalo de pouco mais de um mês. Minha mãe foi primeiro, de forma inesperada. Eu achava que ela voltaria e não consegui nem me despedir direito. Meu pai foi logo depois. Um processo mais lento, mas igualmente doloroso. Eu o vi definhando. Até o dia em que precisei, com o coração partido, dizer baixinho:

— Pai, pode ir.

Com a minha mãe, o processo foi outro. Foi um luto cheio de revolta. Eu pensava: "Por que você fez isso comigo, mãe? Não era pra você me deixar agora. A gente ainda tinha tanta coisa pra viver juntas, tantos momentos por vir". Com o meu pai, o sentimento era um pouco diferente porque já fazia um bom tempo que ele estava em declínio. No fundo, eu sei também que ele já não queria mais estar ali daquele jeito – de fralda, com babador, sendo alimentado... Então, eu consegui olhar para ele com amor e dizer que estava tudo bem se despedir.

Lutos são sempre dolorosos. Lutos quando já não estamos bem emocionalmente podem ser devastadores.

Um pouco mais de um ano antes de perder meus pais, um desejo antigo veio à tona: eu passei a querer um cachorro. Era um sonho antigo meu e da minha mãe, já que meu pai nunca tinha deixado que tivéssemos um. E como a vida dá seu jeito de reforçar os sinais sobre o que queremos, lembro que estava em uma reunião on-line quando, de repente, o cachorro da outra pessoa subiu no colo dela. Era um yorkshire, aquele tipo que sempre encantou a mim e à minha mãe. Comentei na hora que ele era muito lindo e a moça respondeu:

— Ganhei de presente do meu marido. Ele achou em um canil... — e me passou o contato. Eu não tinha falado com ninguém sobre esse desejo. Então, para mim, foi como se o universo tivesse escutado.

Naquela mesma segunda-feira à noite, entrei em contato com a criadora que ela me indicou. Perguntei se ela tinha filhotes de Yorkshire e ela respondeu que, por acaso, tinha dois. Pedi foto. E quando vi aquele filhotinho minúsculo, dentro de uma xícara, não dormi a noite inteira! No dia seguinte, algo me desestabilizou no trabalho, comecei a chorar e, em meio àquela crise, olhei para o Frank e disse:

— Amor, sabe o que talvez me fizesse bem? Um cachorro.

Ele respondeu apenas:

— Vamos ver. — E saiu da minha sala.

Logo em seguida, encaminhei a foto do filhote e perguntei se podia comprar. Ele topou, eu liguei para a criadora e disse:

— Ele é meu! O que preciso fazer?

Como o escritório era perto da minha casa, fui correndo comprar caminha, potinhos, brinquedos – sem saber exatamente o que era necessário porque, afinal, eu nunca tinha tido um cachorro. Era uma mistura de ansiedade e alegria.

Naquela mesma noite, o filhote chegou. Não contei para ninguém, só para o Frank e para a Gilmara, que trabalha comigo. Meus filhos estavam jantando com o pai e, quando chegaram em casa, encontrei uma forma de fazer surpresa. A reação deles foi impagável. Aquele serzinho pequeno sumia dentro da caminha. Minha mãe reviveu com aquele cachorro! E vinha até minha casa só para vê-lo. Ele ia visitá-la também, claro, e até já tinha uma caminha na casa dela. Aos poucos, até meu pai – que sempre detestou a ideia de cachorro – foi se rendendo. Curiosamente, no hospital, em um momento de consciência após ser extubado, a primeira coisa que ele perguntou foi:

— Cadê o cachorro?

Minha mãe se apegou tanto que, em nossa última tentativa de animá-la, sugeri ao meu irmão que déssemos um para ela também. Decidi que eu cuidaria dele nos primeiros meses e que, quando ele estivesse mais treinado, ela poderia assumir a guarda sem muita dificuldade. Então, no Dia das Mães de 2024, fomos à casa dela com o filhotinho dentro de uma sacola da Shoulder, como se fosse mais uma blusa, como fazíamos todo ano. Ela abriu, viu o cachorrinho e se iluminou. Tenho fotos dela radiante deitada com ele na cama! Isso foi em maio. Ela faleceu em julho. Mal teve tempo de curtir.

Hoje, os dois estão comigo e transformaram nossa família, trazendo uma alegria nova. São presença constante e parte de tudo. Mesmo assim, com a perda dos meus pais, tudo na minha vida parou. Minha mãe faleceu em 16 de julho – curiosamente, próximo da data de falecimento da minha avó, em 17 de julho, anos antes. Meu pai partiu em 6 de setembro. Depois disso, pedi para que ninguém marcasse mais nenhum compromisso em meu nome. Nem palestras. Outras pessoas começaram a ir no meu lugar. Eu precisava repensar tudo. Precisava entender quem eu era agora.

Comecei a editar um vídeo de uma entrevista que dei ao *Inspiradoras Cast* logo após a morte da minha mãe. E ali caiu uma ficha: por mais que eu já tivesse 53 anos, só me senti verdadeiramente adulta quando perdi minha mãe. Perder os dois, quase ao mesmo tempo, mexeu com toda a minha estrutura. Foi como assumir uma nova posição na vida. Eu me tornei a matriarca da família. E, com isso, mudou tudo. Mudou minha visão de mundo. Mudou minha missão.

Agora eu preciso assumir esse novo posto. E, diante de todo esse processo de luto, de superação, de olhar para mim com mais atenção, percebi o quanto havia deixado de me cuidar. Estava há tempos cuidando demais dos outros – dos meus pais, dos projetos, da família. Então, decidi que aquele semestre, depois da partida deles, seria dedicado a mim. Comecei a me permitir pequenos prazeres: comprei cremes melhores para o rosto, tomei banhos mais longos, voltei a fazer massagem. Foi como se, pela primeira vez em muito tempo, eu parasse para perguntar: "Para onde estou correndo e por que tanta pressa?".

A morte nos dá essa clareza brutal – a de que o tempo passa, e de que a vida é agora. Foi então que fiz um balanço e decidi que queria escrever este livro contando a minha história. Meus pais já não estão mais aqui. Senti vontade de registrar minha trajetória e um pouco da deles. Dos meus avós. Dos meus antepassados. Finalmente chegou o momento de compartilhar minha coragem com outras mulheres, para inspirá-las e convidá-las a descobrir a própria bravura.

Reflexão de coragem:

Profissionalmente, este capítulo é, acima de tudo, sobre coragem. Sobre a coragem de me reerguer no luto. De me reinventar, de novo, aos 53 anos ao fazer uma nova formação em psicologia positiva pela Universidade de Harvard pouco depois da morte dos meus pais. En-

trei também em uma nova formação em psicanálise clínica. Tive coragem de mudar de direção mais uma vez. De voltar a algo que sempre me fez bem. Não me arrependo de nenhuma das escolhas que fiz ao longo do caminho. Em cada uma delas estive inteira. Feliz. Mas, hoje, tudo isso ganha um novo sentido. Olhar para dentro, descobrir o que me faz feliz agora é ter coragem de recomeçar. De abrir um novo escritório. De reconstruir a minha vida. De cuidar da minha casa e da minha alma.

Vulnerabilidade também é força. E aprender a olhar para os momentos de crise como oportunidades de reinvenção é uma habilidade que você pode treinar. Sim, eu empreendi um negócio inovador e montei uma start-up disruptiva em um momento delicado do mundo, e você também tem essa capacidade. Formei-me aos 50 como educadora parental e mergulhei em um projeto inédito. E, agora, recomeço – mais uma vez. Mas talvez a maior coragem de todas tenha sido essa: recomeçar aos quase 54 anos com uma nova visão sobre o autocuidado.

Hoje, eu sei: cuidar de mim não é luxo. É prioridade. É base. É o que sustenta todas as outras partes da minha vida. E é esse o convite que deixo aqui, ao encerrar este capítulo: que você encontre dentro de si a coragem para ser feliz. E que, ao encontrar, não hesite em honrá-la com todo o seu coração.

8

CAPÍTULO 8: A maternidade depois da educação parental

Depois de me especializar em educação parental, foi inevitável não olhar para a minha própria história e como eu tinha exercido essa maternidade até então. Até pouco tempo atrás na humanidade, pouco nos questionávamos se queríamos ou não casar, e se queríamos ou não ter filhos. Para mim, assim como para grande parte das mulheres da minha geração, o casamento era algo que parecia natural, quase automático. E a maternidade veio na mesma lógica: você casa, tem filhos, e a vida segue.

O mínimo que passava pela minha cabeça era que, quando eu fosse mãe, queria continuar fiel à minha essência: muito comunicativa e aberta. Queria ser uma mãe bacana, com uma relação próxima e afetuosa com meus filhos. Mas a verdade é que, no fundo, eu nunca tinha realmente pensado sobre a fase do bebê, do recém-nascido, da primeira infância – esse termo tão usado hoje e que, na prática, me pegou completamente desprevenida.

Quando minha filha nasceu, foi um grande susto. Eu comecei a perceber o quanto eu era desinformada e quantas ilusões eu carregava sobre a maternidade, o quanto seria uma jornada intensa e cheia de curvas inesperadas. Cada dia era uma novidade, um desafio diferente. E eu, no meu estilo autodidata, fui buscando entender esse novo papel. Pesquisando sobre tudo, lendo artigos e estudando. Sempre acreditei que o conhecimento nos empodera – e na maternidade isso se mostrou ainda mais verdadeiro. Mas, mesmo assim, ser mãe foi, de longe, o maior desafio da minha vida. Porque não existe fórmula pronta. Cada filho é único – e isso, que parece tão bonito de se dizer na teoria, é muito difícil de vivenciar na prática. E ainda conciliar tudo isso com trabalho, com a vida pessoal? É um malabarismo! Eu tentava construir minha rotina de forma a estar presente. Levava meus filhos para a escola, buscava, estava com eles no primeiro momento do dia em casa. Por muitos anos, minha agenda girou em torno disso.

Alguém, uma vez, me disse algo que nunca esqueci: na maternidade, você precisa fazer recortes – daquilo que serve para você como pessoa, do que funciona com aquele filho específico, e do que se encaixa na dinâmica da sua família. É uma arte. E como tudo na minha vida, eu queria fazer bem feito. Queria ser uma boa mãe... Aliás, eu queria ser uma excelente mãe! Mas o que significava, de fato, ser uma excelente mãe? Trabalhar e proporcionar coisas boas para eles? Ou estar 100% do tempo com eles? Eu não sabia.

Confiei na minha intuição e no fato de que eu sempre soube ser uma mulher dinâmica. No primeiro ano da minha filha, quando voltamos ao Brasil com ela ainda com três meses, decidi tirar um ano sabático para me dedicar integralmente à maternidade. Eu precisava aprender. Tinha tido "baby blues" e não estava dando conta. Meu primeiro marido conseguiu emprego aqui, e eu estava disposta a abrir mão de muitas coisas por ela. Mas não foi bom. Nem para mim, nem para ela. Eu me anulei, virei uma mãe obcecada. Usei toda a minha mente organizada, estratégica, para criar métodos: como ela deveria dormir, como deveria comer, pensar nos horários ideais e assim por diante.

Minha primeira filha era extremamente estimulada! Eu lia livros para ela, organizava tudo com precisão e era rígida com rotina – o que tem seus méritos –, mas levei isso ao extremo. E, com o tempo, percebi: ela estava ficando dependente demais de mim. E eu, por outro lado, intelectualmente sufocada. Meu mundo era feito de "piu-piu", "au-au" e brinquedos. Eu precisava de troca. De conversas. De estímulo.

O fato de eu não estar feliz, inevitavelmente, refletia nela. Foi então que comecei, aos poucos, a voltar a me reconectar com quem eu era. Tive a ideia de organizar grupos de mulheres para encontros na minha casa. Falávamos sobre temas diversos, como filosofia judaica, felicidade... e preparar esses encontros me fazia bem. Era um retorno ao meu propósito, a minha essência, ao meu eixo. Ao ensinar e aprender com outras pessoas, eu também me curava. E foi nesse momento que engravidei da minha segunda filha.

A diferença entre elas é de um ano e dez meses. E, de novo, fui pega desprevenida. Porque apesar de achar que eu já sabia o que estava fazendo, não preparei minha primeira filha para a chegada da irmã. Minha estratégia foi completamente equivocada. Eu achava que, se não falasse sobre a chegada do bebê, ela não sofreria. Um erro que assumo com todas as letras.

Quando a segunda nasceu, como já tínhamos tudo bem estruturado em casa, pedi às pessoas que, em vez de presentes, me ajudassem com dinheiro para contratar uma enfermeira. Eu queria estar livre para me dedicar à nova filha e, ao mesmo tempo, ter uma orientação que não tive da primeira vez. Mas, na prática, a enfermeira me afastou da minha segunda filha. Uma vez que a enfermeira lhe dava os cuidados básicos, eu dedicava minha atenção à primogênita, que estava enciumada. Isso, como você deve imaginar, não foi fácil. Hoje tenho consciência do quanto isso impactou profundamente o vínculo entre elas.

Essa experiência me ensinou duas coisas fundamentais: primeiro, que nem todo mundo nasceu para ficar o dia inteiro em casa sendo mãe. E, segundo, que estar o tempo todo disponível para o filho não é sinônimo de boa maternidade. Muitas mulheres carregam culpa por trabalharem fora acreditando que isso prejudica os filhos. Mas eu vivi o oposto: estava em casa o tempo todo e, mesmo assim, o tempo com minha filha era de baixa qualidade. Eu já estava impaciente, irritada, exausta. Não estava fazendo bem nem para mim, nem para ela. Demorei muito para aprender a delegar e tinha bastante dificuldade de confiar em outras pessoas. Virei uma mulher paranoica. E isso marcou tanto a história da minha filha mais velha quanto da segunda. E, claro, a minha também.

Quando a mais velha fez três anos e a segunda estava com pouco mais de um, meu marido perdeu o emprego. E eu entendi que era hora de voltar ao mercado de trabalho. Na época, consegui um emprego próximo de casa, que me permitia almoçar com as crianças e acompanhar mais de perto a rotina delas. Foi nessa época que uma das pessoas mais importantes da minha história, a Gilmara – que estava presente no meu casamento civil com o Frank –, ganhou mais importância.

Ela chegou quando minha segunda filha tinha quatro meses. Veio para ajudar com a casa e com as crianças. E se tornou tudo: meu braço direito, minha melhor amiga, minha confidente, minha conselheira e minha parceira de vida. Tive a sorte – e a sabedoria – de reconhecer nela esse valor. E, com ela, finalmente aprendi a delegar. Por causa dela, pude voltar a trabalhar em uma comunidade judaica em São Paulo, no bairro dos Jardins, onde fui responsável pela comunicação, eventos e até a criação de um jornal interno. Mais uma vez, lá estava eu: unindo propósito, conteúdo e trabalho com pessoas. Essa fase foi boa para mim e para as minhas filhas.

Elas só começaram na escola com mais de dois anos. Nunca foram para a creche porque eu preferia que elas ficassem em casa, sob meu olhar e meu cuidado. Eu mesma queria estimulá-las, como minha mãe fez comigo. Mas reconheço que tudo isso exigia muito de mim. E olha que me considero fora da curva – multitarefa, com muita energia –, e por isso conseguia fazer bastante. Mas sei que não é o padrão, nem deveria ser.

Com o tempo, principalmente nos atendimentos e no trabalho, comecei a perceber que eu era uma mãe muito melhor com crianças maiores. Nunca fui a mãe do bebê. Hoje sei: sou uma super mãe de adolescente, mas uma péssima mãe de recém-nascido. Aquela fase da dependência total não me realizava. E tudo mudou quando aceitei isso. Quando abracei minha maternidade do meu jeito. Até porque, nunca gostei de brincar de boneca, nunca tive paciência para sentar no chão, para fazer penteado ou trancinha. Eu amava ver minhas filhas bem cuidadas, mas não era eu quem combinava as roupas ou fazia laços. A Gilmara, sim. Ela adorava. E era isso: cada uma no seu papel, com amor. Só com tempo, autocrítica e paciência, fui entendendo o que era ser uma boa mãe para os meus filhos. E, mais uma vez, cheguei à conclusão de que não há uma definição única. Amar, estar presente, doar-se – tudo isso importa. Mas não basta. Também precisamos estar bem com nós mesmas. Eu precisava trabalhar – não só por necessidade financeira, mas por mim.

Quando veio meu terceiro filho, veio com ele a vontade de empreender. De ser dona do meu próprio negócio. De criar algo meu. Percebi que eu não tinha nascido para trabalhar para ninguém. E meu então marido também não. A diferença é que ele tinha dificuldade. Eu tinha competência, mas não tinha desejo. Empreender, claro, traz liberdade. Mas também cobra. A gente até faz o próprio horário – mas não tem mais hora para parar. Tudo depende de você e a responsabilidade dobra.

Lembro que depois de algum tempo empreendendo, passei a olhar para as pessoas que conseguiam ter uma rotina fixa e, confesso, sentia um pouco de inveja. Aquela coisa de saber que horas entro, que horas saio, contar com o 13º salário e as férias. Eu sempre vivi em uma montanha-russa de horários. Deixava os filhos na escola, corria para trabalhar, voltava, dava atenção, resolvia tudo. Não havia horário fixo. Mas, ao mesmo tempo, eu me sentia viva. Criativa. Dona do meu tempo, mesmo que ele fosse escasso. Era como na época de jornalista: cada dia uma aventura. E essa adrenalina me movia.

Só que, junto com isso, vinha o peso. A responsabilidade por pessoas, por processos, por entregas. O meu nome estava ali. E, além disso, a responsabilidade imensa de educar meus filhos – e fazer isso bem. Sempre tive em mente que, trabalhando com pessoas, com desenvolvimento humano e com educação, eu não podia falhar em casa. Minha mãe dizia, brincando, que todo filho de psicólogo era problemático – e eu aposto que você também já ouviu alguém dizer essa frase. E pensava: não posso ser a mãe que fala sobre ética, sobre família, sobre propósito... e, dentro de casa, vive um caos.

Eu me cobrava demais. Nesses momentos, a Gilmara, mais uma vez, foi essencial. Ela fazia parte da minha rede de apoio. Me ajudava a levar, a buscar, a organizar. Era o meu braço direito. Depois que o meu terceiro filho nasceu, amadureci muito a minha visão sobre maternidade e sobre minha dinâmica familiar. Naquele momento, decidi não ter mais filhos. Dediquei-me ao trabalho, ao crescimento do meu negócio, e aos meus filhos. Com paixão e equilíbrio.

Hoje, olhando para trás e conversando com meus filhos, vejo que falhei. E digo isso com tranquilidade: ainda bem que falhei. Porque é assim que a gente aprende. Porque eu nunca quis ser uma mãe perfeita. E eles também não precisam ser filhos perfeitos para mim. Essa compreensão se solidificou com meus estudos em educação parental. Foi quando consegui dar nome aos meus erros e reconhecer meus acertos. Vi claramente o que deu certo "sem querer" e o que deu errado mesmo com boa intenção. E foi libertador. Passei a enxergar com profundidade minha trajetória como mãe. E, com orgulho, posso dizer: eu sou uma ótima mãe de adolescentes. E tudo bem não ter sido a melhor mãe de bebê.

Hoje, eu brinco que tenho medo é de ser avó. Todo mundo espera que a avó seja aquela que embala, que dá banho, que tem colo infinito... e eu fico pensando: "será que vou ser assim?". Talvez eu seja aquela avó que só pega o neto cheirosinho no colo, sabe? Talvez eu seja essa avó – ou talvez não. Estou aberta ao novo. Nunca fui muito jeitosa com os cuidados físicos, mas sempre tive muito jeito para conversar com meus filhos, acompanhar o crescimento deles e estar presente nas transições da vida.

Foi por volta dos meus 38 anos que bateu em mim o desejo de ter uma família maior. Por ter vindo de uma família pequena, sem primos, sem aquele cenário de casa cheia, eu sonhava em ter uma casa com filhos, netos e muitos encontros. Um cenário que, acredito, na minha velhice, me trará a sensação de plenitude. Por isso, mesmo com o casamento desgastado, mudei de ideia e decidi que queria mais um filho. Senti que era minha última chance. E era diferente de ter o primeiro, agora eu já tinha filhos grandes. E já sabia o que vinha pela frente.

Demorei um pouco para engravidar do quarto. Os outros vieram no fluxo, quase como cumprimento de um protocolo. Mas o quarto foi diferente. Era desejo mesmo. Eu já tinha prática, a Gilmara estava comigo, minhas filhas mais velhas poderiam me ajudar. Parecia o momento certo. E meu caçula nasceu quando eu tinha 38 anos. A minha segunda filha faz aniversário no mesmo dia que eu, 19 de fevereiro. E o caçula nasceu no dia 16 de fevereiro. Quase! Quase mais um aquariano no combo. Eu brinco que é aquariano demais para uma casa só. Até porque meu irmão também é de fevereiro, nasceu no dia 10. Todo começo de ano aqui em casa as festas perduram por mais um bom tempo.

Quando o caçula chegou, estava decidida a amamentá-lo até que ele completasse um ano e meio. Eu já estava por dentro do assunto, segura e confiante. Meu terceiro filho foi o primeiro que consegui amamentar de verdade, por seis meses. A primeira foi uma catástrofe. A segunda, precisei complementar com mamadeira, e ela largou logo o peito. O terceiro foi bem. Já o quarto, que veio tão desejado, trouxe outro desafio: uma alergia alimentar múltipla. Ele tinha alergia a quase tudo – inclusive ao meu próprio leite. Com seis meses, precisei desmamá-lo, porque eu já não comia quase nada de tanto medo de desencadear uma crise nele. O caso era tão fora da curva que o seu pediatra, que dava aula na Escola Paulista de Medicina, apresentou o prontuário e as fotos dele para os alunos. Um estudo de caso!

Foi aí que eu realmente decidi que seria o último. Meu corpo estava esgotado. Eu não tinha mais condição física de acordar de madrugada e lidar com a demanda de um bebê. Mas é engraçado, dizem que o quarto filho se cria meio sozinho. E ele realmente já nasceu querendo acompanhar os irmãos, fazer tudo igual, amadurecendo muito rápido.

Depois dele, respirei fundo e reconheci, com o coração em paz, que fiz um ótimo trabalho. Dentro das condições que eu tinha, com as ferramentas que possuía. Agora posso ajudar outras mulheres. Aquelas que estão cansadas, que se sentem culpadas, que não sabem por onde começar de novo. Posso ajudar a refazer caminhos, sem culpa, com coragem. Recomeçar, não importa de que ponto.

Quando abri meu escritório de desenvolvimento humano – e eu ainda nem atendia com esse foco da educação parental –, uma amiga veio conversar comigo sobre carreira e, no meio da conversa, ela desabafou e disse que se sentia culpada por não sentar no chão e brincar com os filhos. Eu ri e disse que eu também não. Ela arregalou os olhos e disse:

— Como assim? Mãe tem que brincar!

E eu respondi com a serenidade de quem aprendeu na prática:

— Não, mãe não tem que brincar no chão. Ainda mais se odeia fazer isso. Eles vão sentir. Faça o que você ama com eles. A conexão vem daí.

Claro que, às vezes, a gente faz o que não gosta. É da vida. Mas essa ideia de que ser boa mãe é seguir um roteiro engessado não é verdade. Isso só aprisiona. Não existe fórmula. Existe presença verdadeira. Foi então que levantei com força a bandeira da educação parental. Comecei a falar nas empresas, nas escolas. Levei minhas dores e, com elas, as possibilidades de cura que me permiti. E uma das primeiras curas foi tirar o peso da culpa. Eu sempre digo: não existe nada mais importante para um filho do que uma mãe feliz. Sua felicidade transborda para a casa. O tempo de qualidade vale mais que a quantidade.

Faça uma pausa e perceba como você se comporta quando está com seus filhos. Quando você está com eles, está de verdade? Ou está no celular? Está disponível emocionalmente? Consegue deixar o trabalho lá fora e criar um ambiente novo, com paciência e atenção?

Claro, somos humanos. Nem sempre dá. E hoje, eu aprendi a verbalizar. Chego em casa e logo aviso quando não estou bem. Peço uma pausa, digo que vou tomar um banho, comer ou assistir algo e que depois conversamos e passamos tempo juntos. Isso ensina nossos filhos a fazerem o mesmo.

Por motivos logísticos, teve uma época em que minha filha passou a voltar da escola de perua. Mas o caçula eu ainda buscava pessoalmente. Esses momentos no carro eram nossos e totalmente preciosos. Sem rádio ligado, só conversa. Não ligue o rádio e você vai ver. Eles falam. A gente ouve. É simples e transformador. Às vezes, quando eu estava de mau humor, ele percebia pela minha expressão. Entrava quietinho e dizia:

— Você está nervosa, né?

E eu era sincera:

— Tô, filho. Tive um aborrecimento hoje no trabalho... — e, quando possível, compartilhava com ele a situação e meus sentimentos. A troca sempre se ampliava e logo ele também passou a dizer:

— Hoje eu não tô bem.

Virou uma troca bonita, verdadeira. Porque a gente não precisa estar feliz o tempo todo. Mas a gente precisa se comunicar. Verbalizar. Nossos filhos, maridos e amigos, ninguém lê pensamentos. A gente precisa dizer. Dizer o que sente, o que precisa, o que espera. Foi assim que fui me aceitando, me entendendo, me acolhendo. Sou uma mulher que trabalha, que precisa criar, contribuir com o mundo e me realizar. E isso não me torna menos mãe. Pelo contrário. Torna-me uma mãe melhor. Porque também preciso contribuir com um mundo melhor – e isso começa em casa, com a criação de bons cidadãos. Foi esse o propósito que deu origem à Juntos Educação Parental. O impacto social de educar com consciência.

Com essa visão, fui aprendendo a administrar com mais tranquilidade, mais leveza, menos culpa. Esse grande desafio de ser mulher no século XXI – com tantos papéis, tantas demandas. Hoje estou aqui: aprendendo a usar o ChatGPT, gravando conteúdo, criando projetos e reabrindo meu escritório. Meu filho mais novo, ainda no ensino médio, me chama para tudo, porque filho é para sempre. Minha filha em Londres me liga, cheia de dilemas. O outro, na faculdade, traz os conflitos da fase adulta. A outra, já no mercado de trabalho, divide decisões e inseguranças.

Estou mais madura, mas sigo aprendendo. Porque ser mãe é um aprendizado eterno. No dia em que você acha que está "super bem na fita", a vida te dá um susto. E tudo bem. Educar filhos é levar sustos. Empreender, então? Nem se fala. E a gente vai sobrevivendo, fortalecendo-se com eles.

O que nos salva é a rede de apoio. Pessoas que vivem as mesmas dores. O conhecimento. A busca constante por evolução. Nada me desenvolveu mais como ser humano do que aprender – e continuar aprendendo – a ser mãe. A ser mulher. A ter coragem. Tudo o que vivemos é muito pessoal e individual. Cada pessoa é um universo único, que ninguém consegue compreender por inteiro. Então, se você decide ser mãe, é importante saber que o caminho é cheio de nuances. Gosto de compartilhar a minha experiência com a consciência de que a sua será completamente diferente. Mas, talvez, em algum momento, alguma coisa que eu disse faça sentido. E, quem sabe, ajude.

Nós, mulheres, sempre fomos muito cobradas. "Ah, você já tem 38 e ainda não casou?", "Mas e os filhos?" E aí vem o congelamento de óvulos, a corrida contra o tempo, uma ansiedade absurda... E tudo bem, se for por desejo genuíno. O que não pode é ser por medo ou imposição.

Eu posso dizer que não me arrependo de nada. Amo ter uma família grande, com quatro filhos. E, mais do que isso, amo ter também meus enteados, que completam a família. Eles não são meus filhos biológicos, mas estão à mesa, fazem parte, dividem o dia a dia. E a relação com a mãe deles é ótima. Isso faz toda a diferença.

Em dezembro de 2024, com um dinheirinho que meus pais deixaram, decidi fazer algo marcante. Não era muito, mas era significativo. Poderia ter trocado de carro ou feito algo só para mim, mas escolhi fazer uma viagem. A viagem da família grande que a gente nunca tinha conseguido realizar. Algo que reunisse todos: meus filhos, os filhos do Frank e seus respectivos agregados, minha sogra, a Gilmara – todos. Alugamos uma casa superbacana em Angra dos Reis. Um lugar lindo, espaçoso, preparado para a gente viver momentos juntos. E foi mágico. Porque, além da viagem, teve o gesto. Fizemos camisetas personalizadas com o nome de cada um e minha filha organizou uma recepção: cada quarto tinha uma camiseta, uma garrafinha personalizada e um bilhete de boas-vindas. Foi lindo! No final da viagem, minha filha – a segunda – virou para mim e disse:

— Mãe, está tão legal esse nosso núcleo. O núcleo que a gente está construindo.

Essa frase, dita ali de forma espontânea, me emocionou como poucas coisas na vida. Acho que, mesmo que eu subisse em um palco diante de uma plateia de dez mil pessoas e recebesse um troféu, não teria sentido tanto quanto senti naquele momento. Porque era isso. A construção de algo real, de afeto, de pertencimento. O sentimento de ter conseguido, apesar de tudo. De ter superado os lutos, os percalços, os erros – e, ainda assim, construído um espaço bonito, um núcleo amoroso. Eu faria tudo de novo. E mais: eu nem sabia que esse era o meu sonho. Fui descobrindo ao realizá-lo. Porque sonho é assim. Ele muda com a gente. Nossos desejos se transformam ao longo da vida, conforme a gente vive, cresce, amadurece.

Realizar essa viagem foi mais do que uma conquista. Foi uma cura. Todo mundo sentiu. Todo mundo viveu esse calor. E, mesmo tendo gasto tudo, mesmo ficando "dura", como a gente brinca, eu faria de novo. Porque eu sei que vou reconquistar. Eu tenho essa força dentro de mim. E tenho certeza que, de onde estiverem, meus pais e meus avós vibraram com essa escolha. Porque isso também é o legado deles. Essa capacidade de reunir, de amar, de criar laços. Este livro é um pouco isso também. Um troféu silencioso. Uma forma de dizer: eu venci. Estou aqui, com 54 anos, recomeçando mais uma vez. Mas me sentindo uma super vencedora e honrando a história dos meus antepassados.

Reflexão de coragem:

Foi preciso ter muita coragem para ter cada um dos meus filhos – de parto normal, devo dizer. E toda vez que terminava um parto, dizia:

— Nunca mais. Não gostei disso. Dói demais. Bagunça tudo. A recuperação é uma loucura.

Mas aí vinha o tempo e, com ele, o esquecimento – esse milagre silencioso que a natureza opera. E lá estava eu, sonhando em engravidar de novo. Mulher é um bicho doido mesmo. Mas é um bicho forte. Que se reinventa. Que sente tudo ao mesmo tempo e, ainda assim, vai. Foi preciso ter coragem para viver cada etapa. Para lidar com cada filho. Para descobrir quem eu era como mãe. E mais ainda: coragem para aceitar que eu não seria boa em tudo.

Sempre fui a mulher que queria dar conta de tudo. Ser excelente em tudo. A maternidade me mostrou que isso não existe. E, mais do que isso, me ensinou que tudo bem. Que reconhecer os próprios limites é, talvez, a maior coragem que a gente possa ter. A partir do momento em que aceitei quem eu era como mãe – com minhas forças e também com minhas falhas –, tudo começou a se encaixar de maneira mais leve. Passei a trilhar um caminho mais saudável para mim, para os meus filhos e para a nossa convivência.

Agora, talvez o maior ato de coragem tenha sido colocar tudo isso no papel. Revisitar as dores, os tropeços, os aprendizados. Trazer à tona minhas verdades, minhas vulnerabilidades, minhas descobertas como mulher e como mãe. Publicar este livro, dividir minha história com o mundo, é um grande passo de coragem. Porque aqui, eu me dispo. Eu me mostro por inteira. Com as vitórias e com os dias difíceis. Com os sorrisos e os choros escondidos no banheiro. E se você está lendo isto agora, saiba: minha intenção é que este livro não seja só sobre mim. Que ele seja um espelho para você. Que em algum momento, alguma frase, alguma lembrança, toque algo aí dentro. Porque, no fim das contas, a maternidade é uma viagem sem mapa. E tudo o que a gente precisa – mais do que perfeição – é coragem para seguir.

E isso, minha amiga, eu sei que você tem.

9

CAPÍTULO 9: Nove passos de coragem para ser uma mulher feliz

No começo do livro, falei um pouco sobre o poder das histórias. Esse é um tema que gosto muito e sobre o qual falo bastante em meus outros livros. É importante contá-las. Esses dias vi um vídeo que dizia que somos a única espécie no planeta que conta histórias. Se é verdade, eu não sei, mas não conseguimos nos comunicar com outros animais para saber se eles compartilham uns com os outros sobre o que viveram, o que sonharam, o que superaram. Mas nós contamos. Porque é por meio das histórias que nos reconhecemos. Que nos curamos. Que nos transformamos.

Histórias nos conectam.

Quando você lê a minha história, você encontra pedaços da sua. E, quando eu escuto a sua, descubro novas formas de viver a minha. Histórias nos atravessam. Nos humanizam. Nos lembram que não estamos sós. A cada página deste livro, você caminhou comigo. Reviveu momentos, refletiu sobre dores, sobre escolhas e, principalmente, sobre coragem. Talvez tenha percebido que há muito da sua vida aqui também. Isso não é coincidência. Isso é conexão.

Estamos chegando ao final deste livro e eu estou aqui para lembrar que você não precisa viver a história que escreveram para você. Você pode recomeçar. Pode se resgatar. Pode se reinventar, quantas vezes quiser. Lembre-se que a coragem não é a ausência do medo. Ela está em seguir adiante, mesmo com o medo. Está em se apropriar da sua jornada com verdade. Em olhar para si com generosidade. Em amar quem você é – por inteiro.

Conversar com mulheres, trocar com mulheres, aprender com mulheres e estar rodeada de mulheres sempre me inspira. Uma potência gigante parece brotar como mágica quando mulheres se apoiam e foi dessa certeza que nasceu o projeto "Stella Azulay Só para Mulheres". Reabri meu escritório, retomei mentorias e voltei a atender clientes. Pretendo realizar rodas de conversa, palestras, e levar para outros espaços os temas que me atravessam: felicidade, autoestima, carreira, maternidade, entre outros. Mas, acima de tudo, coragem para ser feliz.

Escolhi a libélula como símbolo desse novo momento. E muita gente acha que ela e a borboleta são a mesma coisa. Mas, ao me aprofundar, entendi que a libélula representa muito do que sempre busquei na vida – e do que quero transmitir às mulheres: leveza, profundidade, transformação e coragem. Quando perdi meus pais, visitei o fundo do poço. E como você viu até aqui, não foi a primeira vez. O fundo do poço é, talvez, o lugar mais visitado do mundo. E cada saída é única. Eu precisei encontrar a minha. E minha saída foi reencontrar meu propósito – essa missão que, tenho certeza, deixaria minha mãe muito orgulhosa. Porque ela foi uma mulher de fibra. Uma inspiração.

Mesmo sentindo uma tristeza profunda como nunca antes, ainda assim me considerava uma pessoa feliz. Porque a felicidade é outra coisa. Ela não anula a tristeza. Ela a transcende.

Minha missão hoje, com este livro e com o projeto "Stella Azulay Só para Mulheres", com as palestras e encontros que estão por vir, é ajudar outras mulheres a encontrarem a coragem de buscar a felicidade que é delas. Porque a felicidade é pessoal. O que faz sentido para mim pode não fazer para você. Cada uma tem sua própria ideia de felicidade. E tudo bem.

Por isso, mulher, quero que você tenha coragem. A seguir, escolhi nove passos que julgo essenciais para que você encontre essa coragem dentro de si. Fazer isso exigirá de você enfrentamento. Exigirá dizer "não" ao que prende e "sim" ao que liberta você. Como disse certa vez, quando alguém me perguntou se eu tinha tido coragem de me separar: "Eu precisaria de coragem era para continuar triste".

Para ser feliz, a gente tem que enfrentar muitas coisas. Muitas pessoas. Mas, principalmente, a nós mesmas. A gente precisa se despir diante do espelho e assumir essas vontades. Não importa o que faz sua mãe feliz, seu pai, ou seus filhos e marido. O que faz você feliz?

Isso não exclui as responsabilidades com essas pessoas. Pelo contrário. Uma mulher feliz é um presente para todos ao seu redor. Para os filhos, para os pais, para o parceiro, para a casa. Nada é mais poderoso do que uma mulher em paz com sua própria essência.

A minha história pode ter inspirado você, mas a sua tem um poder único: o de transformar a sua vida. Está pronta para escrevê-la?

Passo 1: ter gratidão

O primeiro passo para encontrar sua coragem é aprender a ser grata – de verdade. E isso começa quando a gente para de olhar para a vida dos outros. A comparação é uma armadilha sutil. E, sejamos honestas: quase nunca comparamos com quem tem menos que nós, certo? A gente tende a olhar para quem tem mais, faz mais, parece mais feliz... e é assim que deixamos de perceber o que temos. Ter gratidão é saber parar para reconhecer o que existe de bom no agora. É lembrar que ter comida na mesa, um teto sobre a cabeça, uma cama quentinha, tudo isso já é um presente. Trago muito isso do meu avô, que agradecia pelas coisas mais simples, mesmo quando estava fugindo dos nazistas na floresta.

Agradeça quando alguém fizer um elogio, quando alguém olhar com atenção para você, quando se sentir valorizada. Agradeça até em silêncio, só por estar viva. A verdadeira gratidão, aquela que leva à felicidade, não é momentânea. Ela é profunda. É aquela que sobrevive às circunstâncias. Que permanece, mesmo quando tudo muda e fica difícil. Tenha gratidão por tudo o que você tem – e até por tudo o que superou. Porque, se você parar para pensar, quantas vezes já não visitou o fundo do poço e, ainda assim, conseguiu sair de lá? Quantas vezes a vida deu uma nova chance a você?

Às vezes, a gente só precisa afinar o olhar. No fim do dia, mesmo que tenha sido difícil, tente fazer uma pequena lista mental: "O que de bom aconteceu hoje?". Pode ser simples: "Eu tive com quem conversar. Eu voltei para casa. Eu fui amada. Eu respirei".

A gratidão é esse exercício diário de perceber o que nutre e não o que falta.

Passo 2: desenvolver resiliência emocional

Coragem também é saber atravessar a dor e continuar.

A resiliência emocional é isso: a capacidade de seguir em frente mesmo quando tudo parece querer parar. E não pense que você não a tem. Todos nós, em algum momento da vida, já fomos resilientes. Desde criança, quando enfrentamos rejeições, frustrações e injustiças. Basta lembrar das vezes em que você pensou "Não vou aguentar" – e aguentou. Lembra? Pois é. Isso é resiliência.

Um bom exercício para fortalecer sua resiliência emocional é exatamente esse: revisitar suas vitórias e suas superações. Olhar para trás e perceber que você já passou por tanta coisa e, ainda assim, está aqui. Cada dificuldade superada é um lembrete da sua força. E quando você estiver no meio de uma tempestade emocional, tente se lembrar que isso também vai ensinar algo. Sempre ensina. A dor nos amadurece, nos aprofunda. Não fuja dela. Use-a. Escute o que ela está tentando dizer.

Ter resiliência emocional não é negar seus sentimentos. É saber que você pode sentir tudo – medo, raiva, tristeza, frustração – sem perder de vista o que realmente importa. Porque, no fim das contas, o objetivo maior é ser feliz. E felicidade exige coragem. Coragem de sentir. Coragem de continuar. Coragem de não se perder no meio do caminho.

Passo 3: controlar os pensamentos

Ser resiliente não significa negar as emoções, mas sim entender que você não é suas emoções. Repare que sempre dizemos "estou triste" e não "eu sou triste". Quando você está triste, não é a tristeza. Quando está com medo, não é o medo. Aprender a habitar essas emoções temporariamente, sem se confundir com elas, é um ato de coragem. E é nesse ponto que entra este passo: controlar os pensamentos. Eu falo muito sobre isso em minhas palestras. Porque nosso diálogo interno é poderoso! Aquilo que você repete para si mesma, dia após dia, acaba se tornando uma verdade – mesmo que não seja. É por isso que precisamos prestar atenção no que estamos nos contando. O tempo todo.

Lembra daquele desenho antigo do Pato Donald, com um diabinho de um lado e um anjinho do outro? Pois é, essa imagem infantil retrata bem o que acontece na nossa mente: uma conversa constante, sutil e, muitas vezes, sabotadora. Desde o momento em que acordamos, começamos a dialogar conosco: "Ah, queria ficar mais um pouco na cama..." ou "Logo hoje isso tinha que acontecer..." e até o famoso: "Eu não vou dar conta...".

Essa conversa interna vai moldando o nosso dia e, em um piscar de olhos, vai moldando quem acreditamos ser. Às vezes, você começa a repetir internamente: "Minha vida é difícil", "Nada dá certo pra mim", "Não sou feliz por causa do meu chefe, do meu parceiro, dos meus filhos...", "Larguei tudo pela minha família e perdi minha carreira..." e essas frases, ditas em silêncio, vão criando raízes. De repente, você já se vê vivendo sob o peso de uma narrativa que não te empodera e que, pelo contrário, só te puxa para baixo. Que só reforça a dor, o medo, a frustração.

Controlar os pensamentos é começar a identificar essas armadilhas mentais. É perceber os padrões de autocrítica, o excesso de preocupação, a repetição de medos. E, pouco a pouco, começar a substituir essas falas por outras mais amorosas, mais realistas, mais encorajadoras. Não se trata de negar o que está difícil. Mas de não deixar que o negativo seja a única voz dentro de você. Isso é transformador. Isso tem poder. E quando você muda a conversa interna, você muda a forma como se vê – e, consequentemente, como vive.

Sempre gosto de trazer um exemplo interessante para explicar isso. Já contei aqui que sou fã do gênero de espionagem. E me viciei nos livros do Daniel Silva, que criou um personagem fascinante: Gabriel Allon – um super espião israelense, do Mossad, que já salvou o mundo incontáveis vezes! O tipo de herói que, claro, tem sempre uma missão impossível à frente. Em um dos livros, toda vez que Gabriel saía para uma missão perigosa, ele recebia um disfarce com uma história de vida inteiramente inventada – e ricamente detalhada. Tinha nome, sobrenome, cidade natal, profissão, memórias inventadas... tudo meticulosamente planejado.

Mas havia um detalhe fundamental para que esse disfarce funcionasse: antes de partir, ele repetia a história para si mesmo, mentalmente, inúmeras vezes. Porque, caso fosse capturado e torturado, seus bloqueios conscientes cairiam. E o que emergiria do seu inconsciente seria exatamente aquilo que ele mais repetiu para si. A mentira ensaiada se tornava, para a mente dele, uma verdade. Ou seja, até mesmo um espião sabe que aquilo que você conta para si, muitas vezes, vira realidade.

Então, aprendendo com os espiões: repita para si mesma aquilo que você quer acreditar. Alimente pensamentos que te fortalecem e que te impulsionam. Reescreva a sua narrativa com consciência. Porque, no fundo, somos todas um pouco espiãs da nossa própria história – tentando sobreviver, vencer e, quem sabe, salvar o mundo dentro de nós.

Passo 4: valorizar e priorizar a autoestima

Vivemos em um mundo que, todos os dias, tenta corroer a nossa autoestima, principalmente para nós mulheres. Não importa se você nasceu com ela mais fortalecida ou mais frágil – o ambiente em que vivemos nos bombardeia com mensagens que nos fazem duvidar do nosso valor.

Sim, existe uma predisposição genética. Algumas pessoas parecem nascer com a autoestima naturalmente elevada, enquanto outras já chegam ao mundo mais vulneráveis nesse aspecto. Mas, independentemente de onde você parte, o fato é que a sociedade em que vivemos constantemente enfraquece até mesmo quem parecia segura de si.

No entanto, a boa notícia é que autoestima se constrói. E o melhor caminho para essa construção é o autoconhecimento. Pode até parecer clichê e sei que falei bastante disso ao longo do livro, mas é pelo autoconhecimento que você vai descobrir seus talentos, suas habilidades e sua missão de vida. É ele que vai ajudar você a responder perguntas fundamentais sobre o que você espera para sua vida.

Quando a gente entende nosso próprio valor, a autoestima floresce. E, o mais importante: paramos de depender da validação dos outros para nos sentirmos importantes. A responsabilidade passa a ser nossa.

Uma vez, durante um atendimento, uma cliente bastante jovem chegou dizendo o seguinte:

— Me mandaram aqui porque estou meio pra baixo, com a autoestima ruim... falaram que você ia me ajudar a sair da depressão.

E eu respondi com toda honestidade:

— Eu não curo ninguém. Só ofereço ferramentas. Quem tem que fazer o trabalho é você.

Com a autoestima também é assim. Ninguém vai colocar um pouco de autoestima em você. É uma escolha e um esforço. É um compromisso que você precisa assumir consigo mesma.

Existem exercícios que podem ajudar, claro, como: listar suas qualidades, lembrar-se das próprias conquistas, dos momentos em que você venceu, em que subiu no pódio da sua vida porque, por menor que tenha sido o pódio, ele importa. A gente tem, sim, os nossos dias no fundo do poço, mas também tem aqueles em que a gente brilhou. E se permitir lembrar disso é essencial.

E ainda é importante diferenciar alguns pontos: autoestima não é a mesma coisa que amor-próprio. E muito menos que ego. Autoestima é o reconhecimento do seu valor. É saber que você tem talentos e que contribui com o mundo. Já o amor-próprio tem mais a ver com aceitação: aceitar seu corpo, seu jeito, sua personalidade e se amar exatamente como você é. O ego, no entanto, pode ser uma armadilha. Ele aparece quando, ao reconhecer suas qualidades, você passa a se sentir melhor do que os outros. E não se trata disso. Cada pessoa tem sua contribuição única no mundo. Reconhecer seu valor não significa diminuir o valor de ninguém.

É uma linha tênue, sim. Mas é nela que mora a nossa saúde mental. Porque quando a autoestima está bem cuidada, a vida se torna mais leve. E a coragem para viver com autenticidade floresce mais naturalmente.

Passo 5: saber viver no presente

Esse talvez seja um dos maiores desafios dos nossos tempos: estar inteira no agora. Parece simples, mas não é. Muita gente vive aprisionada no passado – outras tantas, em eterna projeção para o futuro. Além disso, há quem lamente o que não foi. "Não sou feliz porque não casei com aquela pessoa" ou "Meu pai não me deixou fazer o curso que eu queria" e "Na escola sofri bullying, por isso hoje sou assim". Desse modo, a vida vai passando, enquanto a pessoa continua parada em um tempo que já acabou.

No outro extremo, há também quem viva das glórias antigas: "Ah, um dia eu fui o melhor da turma", "Eu já fui alguém". Mas... e agora? Quem você é hoje? O que você está fazendo com a sua vida agora?

O passado pode ter sido duro ou brilhante – mas ele não é mais. A vida está acontecendo no presente. E, se você não estiver aqui, por inteiro, ela simplesmente escapa.

Por outro lado, também tem aqueles que vivem ansiosos pelo que ainda nem chegou. E, olha, não vou negar que faço parte desse time. Essa é uma tendência bem humana. Tem gente que passa um mês inteiro vivendo mentalmente para uma festa que vai durar três horas. Planejar é gostoso, imaginar, criar expectativa... até aí tudo bem. Mas e quando essa expectativa se torna o centro da vida? Quando o amanhã ocupa tanto espaço que o hoje desaparece?

Quer ver um exemplo clássico? Casais que decidem se casar e, de repente, vivem apenas em função da festa. Toda a energia do relacionamento vai para o vestido, o buquê, os convidados. E o dia a dia? E a relação? Quando o grande dia chega, ele passa. E, às vezes, com ele, vai embora também a conexão que deveria ter sido cuidada ao longo do caminho. Porque o futuro chega. E, se você não souber viver o presente, vai se ver perdida nele.

A modernidade e as redes sociais fizeram com que nós ficássemos todos muito distraídos. E a maior distração é aquela que vem com brilho: a tela na frente. Sonhar é gostoso – mas viver só de sonhos nos desconecta da realidade. Quando isso vira hábito, a gente começa a viver uma vida cheia de pontas soltas. Saber viver o presente é um exercício de presença. De fazer as pazes com o passado – olhar para ele com gratidão, reconhecendo tudo o que trouxe você até aqui – e deixar o futuro acontecer, confiando que o que você está fazendo hoje é o que vai construir os resultados de amanhã.

É estar inteira no agora. Ouvir com atenção, respirar com consciência, olhar ao redor e perceber a beleza escondida no cotidiano.

Passo 6: cultivar relacionamentos saudáveis

Relacionamentos têm um impacto direto na nossa saúde emocional. Isso é um fato. As pessoas com quem convivemos podem nos fortalecer... ou nos drenar completamente.

Mesmo que você não acredite muito nessas coisas, é impossível negar que existe algo invisível, mas muito real, que se chama energia. Há pessoas cuja presença deixam você mais leve, mais segura e mais inteira. Outras, só de estarem por perto, fazem você se sentir diminuída, tensa, desconfortável – mesmo sem dizer uma palavra.

E isso, claro, sem falar nas pessoas que verbalizam sua negatividade, que manipulam, que excluem, que fazem questão de desestabilizar o outro. Por isso, uma das grandes provas de coragem é saber identificar esses relacionamentos tóxicos – e, mais ainda, saber como sair e se proteger deles. Não estou dizendo que você precisa cortar todo mundo da sua vida. Eu mesma já fui muito radical: ou era tudo, ou era nada. Hoje, com o tempo, a terapia e o autoconhecimento, aprendi que é possível manter uma certa convivência com algumas pessoas sem, no entanto, abrir a porta do coração para elas. Aprendi a me distanciar emocionalmente, a colocar limites invisíveis que protegem a minha essência. E, olha, isso salva a gente!

Nem sempre dá para mudar o ambiente. Mas dá para escolher como você se posiciona dentro dele. Tão importante quanto se proteger do que faz mal é se aproximar do que faz bem. Ter por perto pessoas com quem você possa ser você mesma. Gente que escuta, que acolhe, que valoriza você. Relações em que há troca, presença, cuidado. Isso é um combustível emocional dos bons!

Mas também é importante olhar para dentro e perceber o que você está levando para suas relações. Será que você também não está, às vezes, machucando sem perceber? Será que está ouvindo de verdade? Comunicando com clareza e respeito? Reconhecendo onde precisa polir suas palavras, suas atitudes?

Eu mesma precisei aprender isso na prática – e levei umas boas sacudidas da vida para conseguir fazer isso. Lembro que quando dividi o quarto com aquela colega em Israel, nós éramos muito diferentes. Eu, acelerada, prática, resolutiva. Ela, metódica, calma, no ritmo dela. Eu me irritava com o tempo que ela demorava para se arrumar, para passar creme ou para escolher tomate no sacolão. Achava que meu jeito era melhor, mais eficiente. Até o dia em que ela me olhou nos olhos e disse, com toda a serenidade:

— Cada um tem seu ritmo e isso não te faz melhor do que eu.

Foi como um balde de água gelada na alma. Só fui entender de verdade o que ela quis dizer anos depois, quando estudei análise de perfil comportamental. A partir daí, aprendi que o outro não precisa ser como eu – e tudo bem. Diferença não é defeito. É só diferença – e ainda pode ser complemento!

Relacionamentos saudáveis se constroem com respeito, escuta, empatia. E, muitas vezes, com o exercício mais sutil de todos: a abstração. Às vezes a pessoa foi ríspida – mas o problema era dela, não seu. Nem tudo é pessoal. Quanto mais você entende isso, menos energia perde tentando se defender de ataques que nem foram para você.

Relacionamentos saudáveis não são perfeitos. Mas são aqueles em que a gente se sente segura para ser quem é. E quando você cultiva esse tipo de vínculo, tudo à sua volta começa a fluir melhor também.

Passo 7: saber lidar com críticas e desafios externos

O mundo de hoje grita. Cobra. Acelera. E amplifica tudo.

As redes sociais colocaram a nossa vida sob holofotes – mesmo quando não pedimos por isso. A sensação é de que precisamos estar sempre bem, sempre produtivas, sempre bonitas, sempre de bom humor. Mas me deixa contar um segredo: eu não estou sempre de bom humor. Tem dia que perco a paciência. E perco feio. Só que hoje tenho consciência, e, quando preciso, sei reconhecer meus erros. Aprendi até a pedir desculpa. E isso também é coragem.

A verdade é que vivemos em um ambiente que tornou a crítica um hábito, mas nem sempre um hábito saudável. E quando a crítica vem de fora, se soma àquela que já mora dentro da gente. Eu, por exemplo, sou super autocrítica. Minha filha é. Meu marido também. E sabe o que acontece? Quando você é muito autocrítica, tende a ser igualmente crítica com os outros. E, pior: começa a receber qualquer crítica como um ataque pessoal. Mesmo quando ela até poderia ser construtiva.

É difícil. Porque, para além do conteúdo da crítica, existe a forma como ela é dita. E, vamos ser sinceras, nem todo mundo sabe criticar com empatia, não é? Às vezes a pessoa diz: "É para o seu bem", mas o tom, o momento e o jeito... tudo soa como uma forma disfarçada de despejar mágoa.

Então, como se proteger disso?

Primeiro, entendendo que tudo tem limite. Inclusive a crítica – interna e externa. É preciso reconhecer até onde ela ajuda a crescer, e a partir de onde ela começa a ferir. O que ultrapassa esse limite já não pertence a você. Devolva. Não é seu. Segundo, voltamos à base de tudo: o autoconhecimento. Quanto mais você se conhece, mais firme você fica diante dos julgamentos alheios. E, com a autoestima fortalecida, você ganha mais clareza para distinguir o que vale a pena absorver e o que pode deixar passar.

Uma prática muito interessante que costumo recomendar é trocar a reação pela curiosidade. Em vez de se defender no impulso, respire e pergunte: "Por que você acha isso de mim?" ou "Você pode me dar um exemplo?" e "Em que momento você sentiu isso?".

Fazer perguntas é um gesto de coragem. Isso tira você da superfície e convida para o que realmente importa: a compreensão.

Hoje, vivemos todos muito no raso. Muita suposição e pouca escuta. Criamos monstros na imaginação e quase sempre eles são maiores do que a realidade. Então, ao invés de ficar presa no "será que?", experimente perguntar. Clareza liberta. E, no fim das contas, não é uma questão de ser à prova de críticas. Mas de saber usá-las para crescer – quando fizerem sentido, claro. E deixar para lá, com leveza, quando não fizerem.

Passo 8: conectar-se espiritualmente

Antes de mais nada, quero reforçar que, quando falo em espiritualidade, não estou falando de religião. O que importa aqui não é como você se conecta, mas se você se permite conectar com algo maior.

Sempre que atendo alguém, gosto de perguntar: “Como está a sua satisfação com a sua vida espiritual?”. E a resposta, na maioria das vezes, vem acompanhada de um olhar distante, como quem se dá conta de que está vivendo há muito tempo só no concreto. Só no que se vê. Só no que se toca.

Mas a verdade é que precisamos, em algum momento, transcender esse mundo material. Não dá para viver acreditando apenas na força do homem, na força da ação, da lógica, do controle. Existe um fluxo maior. Uma inteligência invisível que rege a vida. E, quando a gente se permite confiar nisso, a vida ganha mais sentido, e a alma, mais paz.

Não se trata de conformismo. Não é cruzar os braços e pensar: “O que tiver que ser, será”. A vida exige movimento, claro. Mas também exige entrega. Porque nem tudo está nas nossas mãos. E aceitar isso não é fraqueza, é libertação.

Eu mesma demorei para me abrir a esse aspecto. Sempre fui muito controladora. A ideia de não saber, de não entender, de não prever, me deixava insegura. Mas a espiritualidade nos convida a soltar o controle. A confiar. A entender que, mesmo sem compreender agora, há um motivo maior para tudo – e esse motivo pode só se revelar lá na frente.

Você pode acreditar em Deus, no universo, no destino, na energia, no efeito borboleta ou na força do livramento. Pode orar, meditar, dançar ou caminhar em silêncio. O que importa é criar um espaço em você para algo que não se mede, não se compra e não se encomenda.

A espiritualidade nos ajuda a viver com mais leveza. E até mesmo a encarar a morte – assunto sobre o qual falei tanto aqui – com alguma serenidade. No fundo, espiritualidade é isso: um lugar onde mora a tranquilidade. E viver com tranquilidade é, talvez, uma das maiores conquistas da coragem.

Passo 9: praticar a autocompaixão e a autoaceitação

Uma vez por ano, dentro do judaísmo, acontece o *Yom Kipur* – o Dia do Perdão. Nesse dia, jejuamos por 24 horas e passamos boa parte do tempo em oração, pedindo perdão a Deus e às pessoas do nosso convívio. Mas eu sempre digo: a primeira pessoa que você precisa perdoar é você mesma.

Nós erramos. Muito. E às vezes erramos feio. Não suficiente, temos vergonha do que fizemos ou do que deixamos de fazer. Nos cobramos por não termos ajudado mais, feito mais ou sido melhores. E tudo isso vai se acumulando em silêncio, como um peso invisível.

Eu aprendi, ao longo de anos trabalhando com desenvolvimento humano, que não existe vida perfeita. Já sentei frente a frente com pessoas lindas, ricas, inteligentes – que pareciam ter tudo – mas que estavam despedaçadas por dentro. Isso me deu uma visão mais realista da vida. E me ajudou a me perdoar também. Autocompaixão é isso. É entender que, mesmo com o nosso esforço, vamos errar. Vamos repetir padrões do passado. Vamos, inclusive, repetir erros dos nossos pais – mesmo jurando que não faríamos igual. Mas faz parte, a vida não exige perfeição. E, sinceramente? Eu nem gosto dessa palavra.

Vivemos em um mundo obcecado pela perfeição – estética, profissional, emocional. Mas a perfeição não existe. Eu acredito, sim, no desenvolvimento humano. Mas não como uma busca por ser perfeito. E sim como um compromisso em crescer – com amor, com consciência, com verdade. Por isso, sempre trabalhei com três pilares no meu escritório. Acredito que eles resumem tudo o que venho tentando dizer até aqui:

Se conhecer.
Se aceitar.
Se amar.

Quando você se conhece, entende suas raízes, seus talentos, suas sombras. Quando se aceita, abraça sua história com suas falhas, seus desvios e sua beleza. E quando se ama, tudo muda. Porque aí, sim, você começa a olhar para o outro com mais compaixão, mais paciência, mais generosidade.

E lembre-se: nada – absolutamente nada! – traz mais felicidade do que estar em paz com você mesma. Fazer as pazes com o mundo começa por dentro. E só é possível quando você se perdoa. A vida segue. E tudo bem se você causou dor, mesmo que para os seus filhos, ainda que com as melhores intenções. Quem pode dizer que ficar em um casamento falido teria causado menos dor do que sair dele?

A gente nunca sabe todas as respostas. Mas, no fundo, no fundo, a gente sempre sabe o que é bom para a gente. O coração sussurra. A intuição avisa. E é por isso que confiar em si mesma é tão importante.

Porque, no fim das contas, ser feliz é isso: se conhecer, se aceitar, se amar. E seguir em frente com coragem – exatamente do jeitinho que você é.

✦✦✦

Para você que chegou até o final deste livro, sabe o que eu mais desejo que você leve a partir desta leitura? Que entenda, de coração, que a vida é curta. Muito curta. Estamos só de passagem por esse mundo. E viver cada dia sem intenção, sem presença, sem saber para onde quer ir, é como deixar a vida escorrer pelos dedos. Por isso, agora convido você a parar por um instante e se perguntar: como quer viver os seus próximos dias?

Tudo o que compartilhei aqui – as histórias, os aprendizados, as quedas e os recomeços – foi com um único propósito: que você possa se enxergar em alguma parte, se reconhecer e, a partir disso, repensar o que realmente faz você feliz.

O que você quer para você?

O que ainda prende você?

O que já não serve mais?

E, principalmente, será que não está na hora de encontrar coragem para dar aquele passo que você vem adiando?

Sim, coragem. Ela já está aí dentro de você. Eu sei. Às vezes ela só está escondida atrás do medo, do cansaço e das cobranças. Mas ela existe. E quando você começa a escutar essa coragem – mesmo que baixinho – algo muda. Você começa a fechar portas com mais firmeza, a soltar o que dói, a dizer "não" com mais leveza. Falo tudo isso porque vivi na pele, como você acabou de ler. E depois de tudo que enfrentei, hoje eu consigo dizer que estou em paz. E essa paz é muito valiosa! Acho, de verdade, que felicidade tem tudo a ver com isso: fazer as pazes com a gente mesma. Com o que fomos, com o que fizemos, com o que deixamos para trás.

Então, se eu pudesse pedir uma coisa a você agora seria: leve essa esperança com você. A esperança de que é possível viver em paz, se perdoar, se acolher com mais amor. A esperança de que você pode – sim – descobrir onde está a sua coragem e deixar que ela guie seus passos daqui para a frente.

No fim, o que mais importa é ser feliz. Não tem nada maior que isso. E quando a gente encontra essa felicidade – que não depende de ninguém, só da gente – tudo ao nosso redor muda também.

Você tem esse poder. Nós mulheres temos esse poder. De transformar o ambiente com a nossa energia. Quando estamos bem e em paz, a casa muda, o trabalho muda, o mundo muda. Já ouviu aquela frase: "*Happy wife, happy life*"? Pois é, ela faz sentido, não? Nós temos o poder de iluminar tudo. Então, acredite e leve isso com você: você pode, sim, fazer as pazes com a sua história. Você pode reencontrar sua coragem. Você pode ser feliz do seu jeito – e espalhar essa felicidade por onde passar.

Encontre a sua coragem para ser uma mulher feliz.